辯才無礙 論理

巧玩詭辯術 × 善用反嘲法
靜靜看對方暢所欲言，再一句逼他啞口無言

◎每當嘗試開口反擊，對手就連環炮攻擊？
◎每次想到要辯論就腦袋空白、舌頭打結？
◎每回都用武力制服，不知如何以理說服？

明明觀點毫無道理，卻被他「辯」成真理；
不論正方或反方，最終勝者永遠都是他？
別怕！手握本書，下一次絕對是他輸！

吳馥寶 著

目 錄

目錄

第七章　因勢利導，以謀取勝

目錄

目錄

第一章　未雨綢繆，準備充足

（一）準備辯題，全面強化

任何登峰者的背後總有一條崎嶇的山路。

人們透過電視欣賞到大學生辯論會上群星閃爍，異彩紛呈的情景。40 分鐘的角逐和表現，創造了三尺辯臺數不盡的奇麗、壯美瀟灑的景緻，也留給人們許許多多的啟示、激發和思索。然而在這流光溢彩，極盡輝煌的背後卻是參賽隊伍厲兵秣馬，刻苦操練的艱辛過程。

蒐集資料，準備辯題

辯題是最能展現辯論會目的的一個方面。大眾化的題目娛樂性較強；專業化的題目知識性較強；敏感問題社會性較強等等。現今大學生辯論賽，辯題確立的出發點是：掌握時代精神，捕捉社會焦點。

辯題選擇要注意到觀眾的知識結構、教育程度和欣賞水準，不同性質的選題可以在不同範圍的觀眾面前辯論。

選題最該注意的應是其平等性。即對於正反方來說，本題都有可辯的地方，不可明顯的一邊倒。這是出選題的藝術所在。一場辯論會的精彩與否與題目的精彩與否有直接的關係。而一邊倒的辯題，會讓一方覺得一味處於被動挨打的境地或只能憑技巧，憑語言獲勝，變成「無理辯三分」的「狡辯」。這會使辯論會降格失色。

（一）準備辯題，全面強化

辯題應是具體的，明確的，一目瞭然的，有突出的立場。抽象朦朧的題目會導致雙方都高談闊論而沒有交鋒，從而造成「演講」而不是「辯論」的效果。辯論必須有交流，「辯」就是雙方的事。

國際性的辯論會，特別是有不同主見國家和地區參加的辯論會，要盡量避免一些敏感的問題，以免造成難堪和不愉快。

辯題確立後，辯論隊伍接下來的任務就是針對公布的辯題蒐集、整理、組織資料。

組織資料之前，要首先對辯題本身加以深入研究。一是要研究對方可能的思路和對策，以找出我方的應敵之術，做到「知己知彼，百戰百勝」，切忌只顧一面，絕對極端；二是要善於利用辯題中的關鍵字眼作為突破口，從而堅守陣地隨時反攻。對辯題的透澈理解和靈活運用，有助於思路的安排。

接下來就需要蒐集、整理、組織資料了。根據以往的經驗，做為第一步的準備工作，切忌把自己圍於狹小的範圍來組織，就論題準備論題。博大才能精深，最重要的是開闊思路。也只有在思路清晰的前提下，才能夠對所掌握的資料運用自如，才不會輕易的亂了陣腳。所謂有很廣的知識面，主要從這裡表現出來。

資料的蒐集可以採取多種方式，包括訪問專家、社會調查、參加相關研討會、查閱資料，一邊蒐集，一邊整理，一邊討論，一邊形成基本思路。實際上，組織資料的過程也是整理

思路、擴充知識面的過程。最後的辯論稿可能只有幾百字，但是這幾百字卻是以成千上萬字的資料為依據的。

　　資料準備充分了，思路討論清楚了，下一步就是分頭寫辯論稿了。

　　根據所確定的整體構思，合理安排四位辯論員的論點。一般的程序是「啟」、「承」、「轉」、「合」，即由第一位辯論員破題，為自己觀點開闢陣地，穩住陣腳；第二位接著加強論點，猛攻或堅守一個方面；第三位發言人的任務與第二位相似，只是要比第二位論得更深，議得更廣；第四位總結，昇華我方觀點，將辯論推向高潮。必須注意的是，每位辯論員尤其是前三位辯論員的中心觀點必須十分突出，切忌混沌一片，不分主次。這樣，每個人的發言既有各自的根基，又和其他三位緊密相連，一環扣一環，容不得半點脫節。整場辯論就是一篇結構緻密的文章，防守時攻不可破，反駁時全線出擊。

　　辯論稿是一篇文章，但它又不僅僅是文章。由於辯論是口頭表達，辯論稿應盡量口語化、生活化、生動化，切忌「之乎者也」，文謅謅的官樣話。辯論稿中運用的語言風格將表現辯論的風格，而辯論的風格應根據辯題、評判、觀眾等因素靈活確定。辯論風格好壞的評定主要根據這種風格是否能夠使辯論員發揮最高的水準、辯論呈現最高的水準而定。每個辯論員有每個辯論員的風格，四個人的風格合在一起就構成辯論隊的風格。

辯論稿當然透過背誦才能記熟。但是，辯論稿陳述時要防止有背誦的痕跡，否則別人聽起來則以為你是在朗誦，而不是在辯論說理。注意：辯論要求的是說，又是不同於一般的說。

全面強化，造就才俊

辯論藝術是高度靈活，富有充分創造空間的藝術，僅僅憑藉某些《雄辯術》、《論辯學》等教科書的指點、或死守著若干放之四海而皆準的論辯信條亦步亦趨，那是永遠不會造就冠軍的。

要想在競爭激烈的辯論賽中獲勝，必須對參賽隊員的知識結構，應變技巧，心理素養等方面進行綜合的強化訓練。

（二）蒐集證據，運籌辯略

辯論作為觀點和思想的交鋒，說到底，是與辯手們知識水準的高低、知識累積的厚薄直接相關的，是一種「知識密集型」的運動項目。語言的力量之源，部分可以說來自諸如生動的語氣、優美的詞句，但主要的部分還是來自於人類因知識而產生的理性與科學的力量。辯論中的一方即使技巧嫻熟，但如果沒有較高的知識水準和豐富的知識累積，不僅可能陷入「巧婦難為無米之炊」的窘境，而且也可能對對方的論點論據一知半解，甚至不知所云而使自己的論辯難以為繼。這種「點式

第一章　未雨綢繆，準備充足

思維」，也會如一串斷線的珠子，沒有延續的主線，讓評判和觀眾只看到虛點的槍尖，產生零亂無序沒有章法的感覺，這於己方求勝自然是十分不利的。好的辯手必須把辯論看作是一種知識的較量，把提高自己的知識水準、豐富自己的知識累積和完善自己的知識結構，看作是辯論的首要基礎。培根（Francis Bacon）所說的「知識就是力量」用在辯論場可謂是絲毫不爽。如果說當今世界之爭是科技與知識之爭，那用在辯論場，也是如此。如果認為只要能說會道，就能勇往直前，那對辯論的誤解就太深。

事實上，缺少知識的辯手有如缺少彈藥的槍炮，即使轟鳴，也不可持久。那麼，如何才能保證在辯論中有足夠的知識？應該說，知識是無窮盡的，但相應的知識累積卻是可以實現的。一是要讀書，讀大量的書，只有在讀書時涉獵面廣，才能博聞強記，打下厚實的知識根底。一個喜愛辯論的人，必須首先是一個喜愛讀書的人。二是在知識結構上，要注重「專」和「博」，「精」和「雜」的結合。現代社會是個知識大爆炸的時代，想要通曉各門學科幾乎不可能，但有限的精力不妨在學有專攻的同時，廣泛閱讀、涉獵各方面的知識、資訊。儘管有的知識也才只知皮毛，但也是重要資訊，依然可以構成思維鎖鏈上的一環。只有把專業精熟的優勢與知識面寬的「博」結合起來，辯論中才能應對自如。

（三）選擇正確的思辯方法

　　一般來說，思辯指的是辯論所運用的基本思想方法。拿到一個辯題，我們腦子裡很自然會有很多想法：如何破題，如何論述，如何反駁對方，如何組織語言等等。把這些靈感經過反覆推敲，形成指導辯論進行的一條主線，這條主線即是思辯的方式，也就是我們通常所說的「思路」。

　　如果把辯論比喻成一列火車的話，那麼知識則是火車的車廂，思辯是支撐車廂的車輪。辯論要精彩，關鍵是要靠車輪快速而又準確的帶動，只有這樣才能引導知識的車廂沿著辯論雙方的爭論所設立的軌道隆隆向前。我們所說的辯論時的反應敏捷、思路清晰和立論縝密，都是對思辯這一車輪運行狀態的良好描述，都是因思辯的力量而展現出來的。陸機在《文賦》中有這樣的論述：「思風發於胸臆，言泉流於唇齒」就是言此。

　　在辯論中，怎麼樣才能發揮出高效能的思辯來呢？

　　西方盛行的辯論分析非常講究思辯時的形式邏輯、辯證邏輯和結構功能，這是達到嚴密的、連貫和清晰的思辯能力所需要的系統的思維訓練。儘管有些辯手沒有學過邏輯，沒有經過這樣嚴密的訓練，但只要具有較高的知識水準，邏輯推理的能力、形象思維和辯論思維的能力通常也都具備。如果再經過一定時間的培訓或個人的自學，在思維的邏輯性和辯論能力等方面也都會有較大的提高。

第一章　未雨綢繆，準備充足

辯論思維特徵

　　荷蘭學者愛默倫（Eemeren）和荷羅頓道斯特（Grooten-dorst）在其所著的《辯論·交際·謬誤》一書中，曾簡單概括了辯論時思維活動的三個特徵：

> ➤ **實現功能化**：即將辯論語言片段作為真實言語事件中的輔助成分，而不將邏輯推理孤立起來。也就是說把辯論中每段語言都與整個論證過程在邏輯上統一起來，每段話又都要盡自己的功能責任，為中心內容服務。因此邏輯並不總是具有說服人的辯論功能，它們可能只是解釋部分話語。話語片段必須被看作是整個語言環境中系統組成部分的言語行為，只有這樣它們的作用才能被識別。

> ➤ **實現社會化**：就是辯論邏輯的推理不能只看作是單單向對手進行的，而應該把它看作是一個面向更多的人的互動過程，在說服對手的同時，使更多的人接受己方的辯論觀點。

> ➤ **實現辯論化**：這就是說不單把辯論看作是迫使對方接受你的思維結果，還要把辯論看作是一種使人信服的批判手法。即強調思辯中多方探討的可能性，爭論不是僅憑在邏輯上壓服對方而算數，還要透過提出一定的方法消除對方的疑慮而使辯題中的矛盾完全解決。

上述三個特點對於我們構築辯論中的思維運行有相當的啟發意義。事實上，辯論中的思辯可以細分為兩個部分，一個部分是思維形式，另一個部分是思維的內容。

辯論中的思維形式

辯論中的思維形式具體包括：

■ 急智

這是辯論中最主要的思維形式。正如前所述，辯論，尤其是辯論賽，都有嚴格的時間和空間限制，它跟我們平時工作不一樣，辯論猶如競賽場，往往要在瞬間做出一系列的推理以及準確的判斷。特別是辯論賽場上風雲變幻，有利形勢稍縱即逝，所以根本容不得你咀嚼再三才出口發言，自由辯論時更是要求雙方在發言上要快速轉換。所以，辯論思維的首要環節是一定要具備急智，力爭在極短的時間內做出最佳反應。如果一方辯手有較好的急智能力，不僅場上反應敏捷，有效防住對方攻擊，而且能抓住對方的破綻予以反擊，不失時機轉守為攻。培養急智能力，除了人們通常所說的與腦筋快慢有關之外，也與自己平時是否注重這方面的培養以及形成急智式的思考習慣很有關聯。

第一章　未雨綢繆，準備充足

■ 聚斂性思考

　　由於辯論的時空限制，再加上辯題對談論內容的範圍框定，辯論中如果跑題的話，就會指東說西，文不對題，本身就是辯論中最大的敗筆；如果論述細枝末節過多，不僅有損立論的有效說明和推進，而且可能語多有失，由於準備不足而被對手找到攻擊的靶子。所以「聚斂性思考」，就是要在整個辯論過程中必須始終扣住辯論點，避免辯論跑題。經驗不太豐富的辯手在場上常見的錯誤之一就是不能有效的注意運用聚斂性思考方式，往往在場上興之所至，想到哪說到哪，說出去，卻再也收不回來了。因此，辯手們在場上應有意識的提醒自己一定要做到聚斂性思考。一個在實踐中行之有效的辦法是：辯手們在場上只想到如何擴展辯題和己方立論範圍內的問題，凡超出已有準備的立論中的觀點範疇的，寧可不講。

■ 擴散性思考

　　這種思考方式是指辯論中，要勇於在思維的內容上尋求突破，勇於離開固定化的、格式化的理論推繹，採用比喻、舉例等手法，將觀點的反駁或維護盡量形象化、生活化和明朗化。這一思考方式常使用的辦法是，讓自己的思想果敢的拋開晦澀冗長的理論語言，擴散到日常生活、歷史事實、文學作品、典故軼事、奇聞異趣上去，臨場打開自己搜尋論據的視野，採摘最生動、最直接的事例來說明問題，常常能得到事半功倍的效

果，不但能給予對方迎頭痛擊，而且能製造生動活潑的場上氣氛。凡優秀的辯手或辯論隊在運用擴散性思考方面都是十分老練、極有心得的。

但是，如果過分或隨意的使用擴散性思考，也會為辯論帶來災難性後果。不加節制的使用這一思考方式會使辯論變得油滑甚至庸俗。因此，在辯論中兼具聚斂性和擴散性思考是非常重要的，單純在思維上的聚斂可能導致單調沉悶，辯論中會顯得氣勢不足；但也切不可失去冷靜，聽憑思維的野馬到處馳騁。所以，在運用這兩種思考方式時一定要掌握住相應的平衡，切不可只顧一頭，而應做到有張有弛，有收有放，正所謂「文武之道，一張一弛」。

辯論

辯論思辯的內容要求做到以下兩者的統一：

■ 邏輯思維

邏輯思維是整場辯論的主幹，只有在很強的邏輯思維的支撐之下，別的思考方式才可能枝繁葉茂，開花結果，因而邏輯思維的運用是辯論的核心部分，也是辯論的靈魂。邏輯思維分兩個部分，一是形式邏輯思維，二是辯證邏輯思維。好的辯論，首先必須要有好的設計、出色的辯才，必須具備良好的思考邏輯。對於隊式辯論來說，邏輯設計尤為重要。

第一章　未雨綢繆，準備充足

　　隊式辯論一般都有四名隊員組成一隊參賽，四名隊員都要論說同一辯題，但又不能重複，而且還要各有所論；立論時期，四名隊員陳述己方觀點在邏輯上不僅各有分工，而且還要層次遞進，到四辯形成高潮。就具體的立論形式而言，固然有總分、有遞進，但萬變不離其宗，到四辯一定是「百川歸海」，不允許本方的觀點枝節還游離在外。具體辯題的邏輯設計過程不僅要緊扣辯題，而且還要預想到各種有可能遭受的攻擊點，在立論的邏輯安排上既要未雨綢繆，更要能為自己辯論中攻擊對方先進行鋪陳，在預測對方立論的基礎上確立最佳的邏輯攻防體系。因此，辯論的邏輯構思和設計是最關鍵的一著。事實上，辯論賽未開始，但教練們之間立論上的邏輯之爭，便已成為決勝的開始了。尤為痛苦的是，有時由於辯題的原因，抽籤抽到是正方還是反方往往會發現自己在邏輯上處於一種十分尷尬的境地，因為從反方（也可能從正方）來理解題意，完全與現實趨勢相反，甚至有悖於己方的現有思想。這是一種思維的痛苦。但這樣的痛苦總是短暫的，既然辯論賽已經設定了一定立場，就只能按既定的立場去進行，建立立論的邏輯安排，有時甚至在進行某種類似詭辯的邏輯設計，硬著頭皮「知其不可為而為之」。

　　一般來講，辯論的邏輯設計一般要考慮到以下幾個問題：

　　對己方的辯題首先要在題意上做深入的推敲，甚至要逐字逐句斟酌，以便根據題目所提供的最大資訊量來尋找、推導立

論的各種可能性。這第一步就是要吃透題意。

　　在辨析論題的基礎上，找出最好的邏輯思路，並依據這條邏輯思路展開時的客觀需求，往裡填充各種資訊、事實和資料。好的辯題總是有相當的可辯性，如果題目可辯性差，那就意味著題目本身就存在著很大的問題。可辯性強的辯題往往都具備相當的包容性和延展性，即不是定論化的問題，可以容納不同意見的討論和不同角度觀察所得出的不同結論等等。而且，辯題本身也可涵蓋多種事實和資料，所涉及問題的解決也會有不同的方案等等。因此，我們不僅要堅持認為比賽中我們拿到的辯題是可辯的，而且更應從自己的理解和分析入手，找出最好的歸納和論證的思路，並根據這條思路「按圖索驥」，來尋找最好的事實論據，從而堅定己方立論正確的信心，實戰中才能良好的表現出「理直氣壯」的態勢。

　　在確定自己的邏輯思路和論證體系的基礎上，還應仔細設想對方的邏輯設計，透過相互比較和反覆掂量，來發現自己立論中有可能存在的矛盾與漏洞，並力爭發現對方邏輯中的矛盾和漏洞，再調整自己的邏輯設計，使其既要立得住，防得穩，又能從自身論點出發，去攻擊、瓦解對手的邏輯立論。所謂「知己知彼，百戰不殆」。如果對手在邏輯上確有一些「詭辯」的地方，應一一指出，諸如：偷換概念、循環論證、以偏概全、機械類比等等，從而以邏輯來服人，以己方嚴密的邏輯來征服對方。

第一章　未雨綢繆，準備充足

■ 形象思維

　　形象思維同樣也是辯論中不可或缺的內容之一。一旦邏輯思維嚴格的限定辯論立論中的層次遞進關係，以及攻防的戰線後，形象思維的工作就是要對這些邏輯的主線進行填充裝飾。這就是所謂有了骨架、軀幹還不行，還要有豐富的感情資料充當血和肉，去充實全部立論。此外，自由辯論時期，才是精心設計的邏輯結構是否能真正經得起考驗的時期。這時對方短兵相接，儘管你在賽前已做充分準備，預見到一些對方有可能在己方陣地上尋找到的「突破口」，但場下的準備總是不可能窮盡一切的。更何況賽場上風雲變幻、瞬息間往往對方露出「絕活」，或己方應變出現差池。這時，原有的陣地到底如何防禦，這常常是自由辯論時期可能遇到的難題之一。

　　怎麼樣真正使自己立論邏輯主幹在整場辯論中「我自巋然不動」，又如何使場上辯論隊員能隨機應變，能把自己較為完備的立論在賽場的實踐中處處轉化為己方的思辯優勢呢？這一點應成為辯論訓練時著重強調的問題。儘管從理論上來說，立論的邏輯如果真是思慮周詳，舉措適當，本來是可以像水銀瀉地一樣，無漏洞可尋的。但場上、場下的差別在現實中終究是不可避免的；此外，己方的立論又是否能在場上變成有效的進攻手段，並不全在邏輯的嚴密，而重在實戰的發揮。再者，理論上說，場上的辯論隊員如能以己方之矛，攻敵方之盾，以自己邏輯化解、擊潰對方，找出對方邏輯的弊端應該是最理想的

突破口，但實戰中真正找到對方的邏輯缺口實屬罕見，因為己方精心準備的同時對方也在精心準備。實戰的經驗告訴我們，場上隊員的邏輯能力，最主要的是表現在他了解己方的邏輯主體，並能吃透基礎上的形象思考能力，也就是說，如果能在場上把己方已有的立論揉碎了、掰開了，以自己形象的思維圍繞著立場的要點左盤右旋，上下左右的多方位、多角度的論述到，便已經是臨場思辯的實戰需求了。這一點是必須做到的起碼的辯論思考程序。

　　人的邏輯思考能力不是孤立的，它不僅與平時的刻意訓練有關，也與一個人的整體素養密不可分。形象思考能力更需要在實際生活中錘鍊。

　　目前，在國外，辯論分析已發展成為一個獨立研究的領域，思辯方式的研究成果是很系統的，現在僅就思辯方式體系的一個角度來闡述一下思辯方式的分類。

思辯方式分類

　　思辯方式按思考方向來劃分可分為縱向思辯、橫向思辯和弧狀思辯三種：

■ 縱向思辯

　　縱向思辯，顧名思義，就是直來直去的思考方式，思路是單一的，注重邏輯推理，因果關係在此顯得尤為重要，就像數

第一章　未雨綢繆，準備充足

學裡的證明公式，透過一連串由此及彼的推出，得到所要證明的結論。這是一個最簡單、最基本、最常見和最實用的思辯方法，我們在這裡著重加以介紹。

中國民間有個笑話，形式上可以說是縱向思辯比較典型的例子：

一位財主畫虎類貓，卻無自知之明，就問身邊的家僕：「你看像不像？」

家僕不便直言，只得連聲回答：「像，像！」

「像什麼？」

「小的不敢說。」

「你怕什麼？」

「怕老爺。」

「那我又怕誰？」

「怕皇上。」

「皇上怕誰？」

「怕老天爺。」

「老天爺怕誰？」

「怕雲。」

「雲又怕誰？」

「怕風。」

「風呢？」

「風怕牆。」

「牆怕什麼？」

「老鼠。老鼠誰都不怕，就怕你畫的這幅畫。」

為了更加明瞭起見，我們不妨將縱向思辯再細分為正向思辯和逆向思辯兩個基本類型。

正向思辯

這種方法就是從已知條件著手，運用邏輯推理，步步深入，得出結論的思辯方式。

對於像是內含了很強邏輯性的問題，正向思辯是很有效的方法。用強大的邏輯力量來維護自己的觀點，一般很難駁倒，所以最好還是以其人之道還治其人之身，這就是雙方都採用了同樣思辯方式的原因所在。正向思辯又有由因及果和以果導因兩種方法，根據需求可以靈活運用。這種方法往往也是用於立論的基本邏輯思路。

然而光是立還不足以成辯，必須要反駁對方，在這種需求下，逆向思辯便成了對付正向思辯的最佳方法。

逆向思辯

逆向思辯相當於數學上的反證法，在邏輯學上叫作歸謬類推，它是推理的方法之一。由證明與論題相矛盾的判斷是不真實的來證明論題的真實性，是一種間接論證方法。運用逆向思辯時，先提出與自己結論相反的假設，或先假設對方觀點正確，然後從這個假設中得出和已知條件相矛盾的結果來，這樣

就否定了先前的假設，從而肯定了己方觀點。

譬如我們大家都熟知的「晏子使楚」的故事，當楚國人開狗門迎接晏嬰以辱其矮小時，晏子並沒有怒斥楚人，而是以開狗門的行為正確為前提，說：「出使狗國，只能從狗門進去了。」搞得楚國人抹了自己一鼻子灰，只有將晏子迎進大門。見楚王時，楚王傲慢無禮的問：「難道齊國無人了嗎？為什麼派這個矮小無德的人來見我呢？」晏子用了同樣的方法，並沒有正面反駁，而是說：「我們齊國有個規矩，什麼樣的人出使什麼樣的國家。我確是最不賢德，所以來朝見楚王。」致使楚王反受其辱。

《資治通鑑》裡記載一個故事：戰國時魏文侯併吞中山之後，將土地分封給自己的兒子，並標榜自己是位仁君，只有大臣任座認為封地給他兒子而不給兄弟，算不得仁。文侯大怒，斥退了他。這時另一位大臣翟璜趕緊對文侯說：「我認為大王是位仁君。因為有人說『君王仁義，下臣耿直』，剛才任大夫勇於直言，可見大王之仁。」文侯聽了，又羞又喜，連忙差人請回任座。翟璜用的也是逆向思辯之法，先假定文侯是位仁君，然後說明任座的行為是對的，使得魏文侯能正確對待意見。

往復思辯

將逆向思辯與正向思辯結合來用，以退為進，有破有立，這種思路恰像是先後再前的往復運動。所以我們不妨稱它為往

復思辯。剛才說過，正向思辯是立論的重要方法，而逆向思辯是破對方立論的重要方法，任何一種方法單獨使用都未免顯得單薄，在實戰中，常常將二者並用，才能做到攻防兼備。

從思辯角度說來，《威尼斯商人》裡的波西亞（Portia）對付夏洛克（Shylock）的方法就是這樣，先讓一寸，而後更進一尺，從而使對方理屈。中國有一個傳說與此相似，說是一位年輕婦女喪夫，將兒子含辛茹苦拉扯大，但兒子贍養母親覺得是累贅，就對母親說：「媽，您養了我 18 年，現在我也養了您 18 年，正好抵銷，算是清帳了。」母親無奈，只好告官，卻不料縣官完全准了兒子的理由。正當兒子竊喜時，縣官又說：「現還有一樁未了，你母親生下你時給了你血肉，你生下有多重，現在便從身上割下這麼多肉來，方能兩訖。」這一來，逼得兒子只好低頭認錯，保證要恪盡孝道。

俗話說得好：「退一步海闊天空」，縮回自己的拳頭正是為了更好的打擊對方。面對強大的對手，這種方法越顯出其獨特的功效。

在美國南北戰爭後不久的一次國會議員選舉中，艾倫的競爭對手是他的老上司陶克將軍 —— 一位戰功卓著的老國會議員。陶克將軍盛氣凌人，他在競選辯論中說：

「同胞們，記得就在十七年前的昨天晚上，我曾帶兵在茶座山與敵人激戰，經過激烈的血戰後，我在山上的樹叢裡睡了一夜，如果大家沒有忘記那次艱苦卓絕的戰鬥，請在選舉中，

也不要忘記那些吃盡苦頭、風餐露宿而屢建戰功的人。」

他說的是事實。而艾倫也毫不示弱：

「同胞們，陶克將軍說得不錯，他確實在那次戰爭中立了奇功。我當時是他手下的一個無名小卒，替他出生入死、衝鋒陷陣，這還不算什麼，當他在樹叢中安睡時，我還攜帶著武器，站在荒野上，飽嘗了寒風冷露，來保衛他。凡身為將軍，睡覺時需哨兵守衛的，請選陶克將軍。若也是哨兵，需為酣睡的將軍守衛的，請選艾倫。」

結果，艾倫在競選中獲勝。

擴散思辯和歸一思辯

前面我們介紹了縱向思辯有正向和逆向兩個基本類型，這兩個類型疊加，又形成了往復思辯。但一場對於複雜命題的辯論所使用的縱向思辯往往不是透過單一的方式表現出來，許多縱向思辯所組成的思路，使辯論的思辯方式出現了新的特點。

當為了說明一件事而要列舉許多理由時，這種思辯給人的直接感覺是許多縱向思辯從不同角度指向一點，因此我們稱它為歸一思辯；當為了歷數一件事的許多影響時所運用的思辯方式又彷彿是從一點輻射出的許多縱向思辯，因此我們稱它為擴散思辯。這兩種由縱向思辯派出的思辯方式很常見，也很容易理解。

■ 橫向思辯

橫向思辯的特點是與縱向思辯相比較得到的。橫向思辯沒有那麼嚴格的因果判斷，也不會出現前後連結緊密的鏈狀推理，被對方從中斬斷一環，也不至於引起像在縱向思辯中那樣的全線崩潰。實際上它是一種輔助的思路，透過觸類旁通、旁徵博引來對正題進行輔助的論證。

橫向思辯又可分為相向思辯（利用類比的方式）、平行思辯（利用對比的方式）和兩難思辯。這裡就不一一闡述了。

■ 弧狀思辯

弧狀思辯是不同於縱向思辯、橫向思辯的又一種思辯方式，「拐彎抹角」這個成語正好能恰如其分的表現出它的特點，這個特點與它的名稱是十分吻合的，即證明一個觀點時不從正面直接說明，而是先談開去，將話題引向別的事情，當拐出去的這個彎得到認可後，再趁機把圈子兜回來，扣住正題，用這種方法去間接說明論題，因此它又是一種間接思辯方式。

（四）巧用智謀，勝券在握

辯論由於是一個複雜的技巧性的活動，因而就必然與人的智謀的運用有很大的關係。辯論是既「鬥勇」，又「鬥智」。鬥勇，是重在比誰的氣勢盛、意志堅定和信心十足；鬥智，則

第一章　未雨綢繆，準備充足

重在比誰能出奇制勝，誰能攻其不備，誰能謀劃周詳。《孫子兵法》是世界軍事理論中的一部奇書。孫子用兵之道，就特別強調出其不意，兵不厭詐。辯論中同樣也有一個如何用布陣的問題，十分講究智謀在獲勝中的關鍵作用。具體來說，智謀在辯論中的運用主要表現在兩個方面，一是要善於出「奇」而攻其「不備」，即在應對準備中要設計出出人意料的東西，使對手在辯論中措手不及，從而陷入被動局面；二是要預先謀劃周詳，充分考慮到對手的程度，可能出現的各種情況以及現實條件，以求棋高一籌。辯論進行之前，任何以辯論雙方水準的高低來猜度或預測辯論的結果，都只能是一種假設，不是恰當的和應有的制勝之策，假若以此來作為辯論準備時的一項考慮是十分危險的。即使辯論前知道對手的實力情況而總結出對手實力不強，也切不可掉以輕心。辯論賽中以弱勝強也非偶然之事，而辯論的臨場發揮很重要。

如何保證己方在辯論中勝券在握，保證辯論時有最好的發揮，除了要在知識、思辯、語言、心理和場上人格的展示等方面猛下工夫之外，巧用智謀、謀略是不可或缺的。這就是所謂「運籌於帷幄之中，決勝於千里之外」的道理。

此外，如何具體根據對方的特點，進行有針對性的部署，以便揚長避短，隨時掌握場上主動，也是辯論中巧用智謀取的一個重要方面。

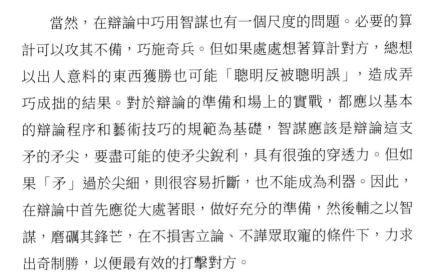

(四) 巧用智謀，勝券在握

　　當然，在辯論中巧用智謀也有一個尺度的問題。必要的算計可以攻其不備，巧施奇兵。但如果處處想著算計對方，總想以出人意料的東西獲勝也可能「聰明反被聰明誤」，造成弄巧成拙的結果。對於辯論的準備和場上的實戰，都應以基本的辯論程序和藝術技巧的規範為基礎，智謀應該是辯論這支矛的矛尖，要盡可能的使矛尖銳利，具有很強的穿透力。但如果「矛」過於尖細，則很容易折斷，也不能成為利器。因此，在辯論中首先應從大處著眼，做好充分的準備，然後輔之以智謀，磨礪其鋒芒，在不損害立論、不譁眾取寵的條件下，力求出奇制勝，以便最有效的打擊對方。

第一章　未雨綢繆，準備充足

第二章　辯證思維，高瞻遠矚

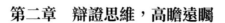

（一）辯證思維和辯證概念

　　辯證思維如果用通俗的語言來表達，就是對事物要看得全、看得深、看得遠、看得活、看得真實，簡言之，即看得具體。掌握辯證思維是運用高瞻遠矚戰術進行辯論的必不可少的條件。

　　根據馬克思主義認識論的觀點，人的思維是在實踐的基礎上產生的，並隨著實踐的發展而發展。整體看來，人類思維的發展可分為兩個階段，即初級階段和高級階段。初級階段的思維可稱之為普通思維，高級階段的思維可稱之為辯證思維。普通思維是對外在相對不變狀態下的事物的認識，它反映的是事物的相對穩定性和質的規定性；辯證思維是對變化發展著的事物的認識，是對客觀事物的辯證法的反映。恩格斯（Engels）說過：「辯證的思維，不過是自然界中到處盛行的對立中的運動的反映而已。」

　　辯證思維的任務是為了掌握客觀辯證法。辯證思維要完成這個任務，一般應具備這樣幾個特點：

全面性

　　辯證思維在考察事物的時候，不僅要看到事物的正面，而且還要看到事物的反面，不僅看事物的某些側面，而且還看事物的各個方面，它是把事物作為由各個方面組成的統一體來認

識的。尤其重要的是，它總是力求找出決定事物本質和事物運動發展的特殊矛盾，即找出事物的既相互對立又相互連結的兩個根本方面，把事物當成對立面的統一體來掌握。

靈活性

辯證思維在考察事物以及事物在人腦中的反映時，不是把它們看作是凝固的、靜止的和永恆不變的，而是把它們看作是一個不斷運動變化的過程。它不僅考察事物的現狀，而且考察事物的歷史，還要想到事物的未來。辯證思維的這一特點，正如馬克思（Marx）所說：「在對現存事物的肯定理解中同時包含對現存事物的否定的理解，……對每一種既定的形式都是從不斷的運動中，因而也就是從它的暫時性方面去理解。」就是說，辯證思維對任何一個已知的事物，都是把它們當作其歷史發展全過程中的一個階段或環節來考察。

系統性

辯證思維在考察事物的時候，不是把事物看作孤立的、單獨的，而是看作一個具有內部和外部關聯的有機整體或系統。它不僅考察事物外部的諸方面的相互關聯，而且考察事物內部的諸因素的相互關聯，還要考察事物與周圍其它事物之間的相互制約、相互影響。總之，它把事物置於一個特定的系統中來

認識，可以說它是一種立體的思維。在辯證思維看來，任何事物如果脫離了它所處的系統和諸種因素間的條件關聯，它的存在及其性質都是不可理解的。

實踐性

馬克思主義第一次把實踐的範疇納入認識論，同時也納入辯證思維。辯證思維是獲得關於認識對象的具體真理的思維。因而作為人和被認識事物的關聯的「實際確定者」的實踐，必須要制約著辯證思維的全過程，成為辯證思維的泉源、動力和真理性的標準。辯證思維在觀察任何問題時都牢記實踐的觀點，把實踐範疇作為思維運動的基石，用實踐的觀點去看待任何思想、理論、路線、方針、政策是否正確，凡未經實踐證實的東西，它絕不輕信和盲從。這是唯物主義的辯證思維與唯心主義的辯證思維以及一切詭辯論的根本區別。列寧在談到馬克思在《資本論》中應用辯證的分析和綜合的方法時指出，馬克思「在每一步的分析中，都用事實即用實踐來進行檢驗」，經不起實踐檢驗的所謂「辯證思維」，不是真正的辯證思維。

在論辯中，我們需要運用具體辯證思維。這是因為，客觀世界是非常豐富和具體的，每一具體的對象都包含著差別和矛盾。我們要正確的認識客觀事物，獲得論辯的勝利，就必須掌握事物的差別和矛盾。

（二）最好與最壞的擴散式思考

　　著名的古希臘寓言家伊索，年輕時當過貴族的奴隸。有一次，他的主人設宴請客，客人都是當時希臘的哲學家。主人命令伊索備辦酒餚，要做最好的菜招待客人。於是伊索專門收集各種動物的舌頭，準備了一席「舌頭宴」。開席時，主人大吃一驚，問：「這是怎麼回事？」伊索回答說：

　　「您吩咐我為這些尊貴的客人辦最好的菜，舌頭是引領各種學問的關鍵，對於這些哲學家來說，『舌頭宴』難道不是最好的菜嗎？」

　　客人們都被伊索說得頻頻點頭，哈哈大笑起來。主人又吩咐伊索說：「那我明天要再辦一次宴席，菜要最壞的。」到第二天開席上菜時，依然全是舌頭。主人一見此狀，便大發雷霆。伊索卻鎮定的回答道：

　　「難道一切壞事不是從口中而出的嗎？舌頭既是最好的，也是最壞的東西啊！」

　　主人被弄得無言以對。

　　從一個方面去考察討論，舌頭是最好的，從另一方面去考察討論，它又是最壞的，舌頭是「好」與「壞」的統一體。伊索正是掌握了「舌頭」這一事物的矛盾屬性進行辯論，因而征服了對手，並給了人們深刻的理性思考。

　　上面這個例子說明，具體辯證思維應當是一種多角度思考，也就是擴散式思考，求異思維。

　　我們知道，事物往往是立體的、多側面、多層次的，正如蘇東坡盧山詩中所寫的那樣：「橫看成嶺側成峰，遠近高低各不同。」對如此複雜的事物，如果我們採取單向的線性因果思考法，只從某一個點上去掌握事物，總不免要失之偏頗，犯片面性的錯誤。因為只從某一點上來看事物，猶如「管中窺豹」，雖然「可見一斑」，但這一「斑」顯然不是豹的全貌，更說不上是豹的實質。因而，我們要掌握一個事物，就要進行多角度、多層次的思考。辯論也是這樣，同一個問題，你可以從這個角度看，說出一番道理，我也可以從另一個角度看，對你的說法進行肯定和否定。在對一個論點進行論證時，也要盡量從多角度進行思考，從多層次進行觀察，探究事理。只有這樣，才能使論辯沿著追索真理的路途前進，否則，常會發生「論而未辯」或「辯而不果」的現象。

（三）突破固定模式，多角度思考

　　美國哲學家詹姆士（James）講過一件事，他說，一次，他的學生去露營，從山上下來時發現學生們在熱烈爭論。他們爭論的主題是：一隻松鼠繞著一株樹幹轉動，一個人站在樹幹的另一面，也繞樹和松鼠做同向等速轉動，人始終看不到松

鼠。人們就爭論：這個人是否繞松鼠跑？大家都固執己見，雙方勢均力敵，誰也說服不了誰。詹姆士對學生說，哪一邊對，要看你們對所謂「繞著松鼠跑」是怎樣理解的。要是你們的意思是說，從松鼠的北面到東面，再到南面和西面，然後再回到北面，那麼這個人顯然是繞著松鼠跑的；因為這個人確實相繼占據了這些方位。相反的，要是你的意思是說先在松鼠的前面，再到牠的後面，再到牠的左邊，然後回到前面，那麼這個人顯然並沒有繞著松鼠跑；因為松鼠也相對在活動，牠的肚子總是朝著這個人，背向外面。所以我說你們兩邊都對又都不對。詹姆士雖然是力圖得出實用主義的結論，但就思考方法而言，倒是多角度思考的例證。

辯論時，同是一件事，從不同方面看，會得出不同的看法。

戰國時，秦趙兩國間曾有一個「協定」，規定從今以後，秦國想做的事，趙國要盡力協助，趙國想做的事，秦國也要盡力協助。「協定」簽訂後不久，秦國便發兵攻打魏國，趙國以某種原因，卻發兵救魏，秦王為此派人責備趙王：我們有約在先，現在秦國要攻打魏國，趙國卻去救魏，這是不遵守「協定」啊！趙王一時被難住了。公孫龍知道後，出主意說：也可以派人去責備秦王，就說：趙國救魏，而秦國卻不來協助趙國，這也是不遵守「協定」的。結果，秦王沒辦法，只好停止向魏國進兵。

第二章　辯證思維，高瞻遠矚

　　1902 年元旦，教育家蔡元培與黃仲玉在杭州舉行結婚典禮。婚禮上，來賓們侃侃而談，就社會問題展開了討論。陳介石闡述了夫妻平等的理論，宋恕則認為夫妻不存在平等，高低應以學行相較。還說，假如黃女士學問高於蔡先生，則蔡先生應以師禮對待黃女士，這怎麼能說是平等呢？假如黃女士的學問不及蔡先生，則蔡先生應以弟子禮對待黃女士，平等又從何談起呢？陳、宋二人相持不下，最後請蔡元培表態，蔡先生說：「就學行言，固有先後；就人格言，總是平等的。」

　　在夫妻是否平等的問題上，宋恕的觀點是錯誤的。簡單的「是」或「非」的判斷難以反映事物的複雜關係。蔡元培先生則首先對規律關係進行了分解，區分出「學行」、「人格」兩個方面，然後才以「是」與「非」做出結論。

　　長期以來，人們形成了一種傳統的固定思維：不管爭論如何激烈，真理只有一個。因此，當論辯發生時，人們總習慣於去追究到底是甲對還是乙對，而很少去注意論辯過程中雙方思考方式的多角度、多層次性，這種傳統的固定思維，致使我們今天的辯證思維科學，處於認識論方面的低水準，也使我們的論辯，成為一種單向度的或平行線式的論辯。即論辯的雙方由於觀察問題缺乏多角度、多層次的透視，雖進行了沒完沒了的爭辯，向對方傾瀉了許多「砲彈」，然而結果卻不了了之，雙方均自以為得勝而歸，而事實上卻根本沒有發生「撞擊」。在現實生活中，由於人們的思考缺乏多角度、多層次性，從而造

成不少「論」而未「辯」的爭辯。

比如對柏楊先生的《醜陋的中國人》所進行的一場論辯，「醜陋的」和「俊美的」一般都不難從字面看出，這是一對內涵針鋒相對的反義詞，問題在於，當這對反義詞被引入了以「中國人」為題的一場大辯論時，是否仍保持這種針鋒相對的撞擊關係呢？正確答案是：沒有，它們並未發生真正的思想交鋒！

柏楊先生的《醜陋的中國人》，文中言辭固然不無偏激之處，但他揭示的畢竟是現實生活中存在的「假、惡、醜」一面，而且重要的是，他並沒有「以美為醜」，沒有把中華民族的美好品德也作為醜陋加以鞭撻。這一著作引起迴響之後，曾有不少人以「中國人醜陋嗎？」、「俊美的中國人」等為題發表不同的看法。可是，這些批駁者們大談特談的是中華民族的傳統美德及其揚名於世界的成就，而且，重要的是，他們也同樣沒有「以醜為美」，沒有把中華民族的某些陳規陋習、落後保守心理作為「俊美」加以褒獎。結果，這場論辯（其實是單方面的「論」，並未「辯」起來）表現為，柏楊先生用強光照亮了中華民族「壞」的心理習俗一面，熱望盡快割除；反駁者用強光照亮了中華民族「好」的品德特性一面，亟盼發揚光大，雙方所論的看起來是同一命題（中國人），其實是同一命題下的兩個分命題（中國人的優點和缺點兩個方面）。柏楊先生否定了「壞」的一面，並未貶斥好的一面；反駁者褒揚了

「好」的一面，也並未誇獎壞的一面，兩者之間其實存在著一條清晰的「分界線」。

分析這場「論爭」，應當說，「醜陋的中國人」—— 觀點原不錯，「俊美的中國人」—— 認知也正確，而所以會發生「論辯」的真正原因是：柏楊先生將醜陋的加在「中國人」身上，引起了一些人的民族感情方面的不愉快。當然，感情上的不愉快原本不應該導致「理智」上的判斷失誤，但論辯思維方面的低水準引發了這場論辯。結果，這場看起來頗為熱鬧的「論辯」，猶如兩列對開的火車，在鐵路上相會時，固然聲震一時，但其實並未發生「撞擊」，它們「相遇」後擦肩而過，又各自按照「批評缺點」和「褒揚美德」兩條平行軌道前進了。

再比如在哲學上，我們總是將「世界可知論」認為是辯證唯物主義的世界觀，而對「世界不可知論」則持批評和否定態度。這種觀點其實正暴露了「線性因果思考方式」的弱點，「可知」與「不可知」，從字面上看，是一對針鋒相對的反義詞，然而，用多角度思考法來看，「世界可知論」與「世界不可知論」這兩種看似截然對立的「世界觀」，正如鐵路橋上的火車與公路橋上的汽車一樣，是在兩個不同層次上運行的思考運動過程。

「世界可知論」其實是從「微觀」認知的立場提出來的。我們知道，自然界中任何一個未知現象，科學研究方面的任何

一個難題，醫學上任何一個不治之症，人類都可以透過自己的主觀努力，由不知到知，由知之甚少到知之甚多，直至最後全知。人類正是在這「逐一攻克」的征服世界的過程中不斷的擴大著對周圍世界的認識。從這一角度看，世界上沒有「不可知」的事物，世界當然是可知的。

而「世界不可知論」卻是從宏觀認知的立場提出來的。我們知道，宇宙是無限大的，而人類的認知能力是有限的。雖然人們可以透過知識的世世代代的累積來擴大自己對世界的認識，但無論累積多少代，人們對世界認識的總量都必然有一個極限，或者說，都是有限的認識。如此看去，我們對整個世界的認識就永遠不能完成，永遠不可知。

弄清了這兩個思考過程的不同層次性，我們就不難知道，其實它們並不是兩種根本對立的世界觀，而是關於認識世界的兩個層次不同的思考運動過程。它們在運行過程中，並沒有發生真正的思想「撞擊」，也就是說，它們之間並無尖銳的對立和矛盾衝突。傑里米・里夫金（Jeremy Rifkin）和特德・霍華德（Ted Howard）在其合著的《熵：一種新的世界觀》中寫道：「我們正在進入一個無所不知而又一無所知的時代。」在某種程度上，也可看作是對「可知論」和「不可知論」的矛盾的一種新的認識。

上述例子證明了，根據多角度思考法，在論辯中選擇正確角度的重要性。但僅知於此還是不夠的，這一特性還告訴我

第二章　辯證思維，高瞻遠矚

們，當對同一事物進行不同角度，不同層次的觀察時，出現在我們面前的形象是不同的，它們雖然都無錯誤，但往往又都各有其片面性，因此，要全面的掌握事物的本質，則不僅要學會「由合而分」 —— 對論辯雙方分別進行準確的辯析，還要學會「由分而合」 —— 將多角度、多層次的考察結果加以科學的綜合歸納。

　　當我們在理論上對某一論題進行不同角度、不同層次的考察時，由於「線性因果」思考方式的制約，往往不善於把兩種不同考察所得的結果「合而為一」，恢復論題的完整面目，而往往將同一論題的不同側面看作是不同的論點，甚至是互相衝突的論點。

　　比如，以「按勞付酬」原則對「按酬付勞」思想的批判就是一個典型的例子。我們總習慣於從褒義去理解「按勞付酬」（按照各人創造的勞動價值獲得相應的報酬），從貶義去理解「按酬付勞」（給多少錢就做多少事）。其實，這都是注意了理論的一個側面，而忽視了另一面。「按勞付酬」難以解決的一面是：不同的「勞動」很難制定數量與質量的科學合理的統一標準，結果，往往不是勞動的數量一面被否定 —— 工人的勞動數量差與薪資差不成正比例，就是其「質量」一面被否定 —— 同為副教授，水準又有高低之分，最後只好以「平均主義」妥協，也就是說，我們往往是以具有某種差別的「平均主義」充作科學意義上的「按勞付酬」。而「按酬付勞」

的另一層意思是：拿了這份報酬，就要按質按量的完成這份工作，絕不當濫竽充數的南郭先生，絕不當「不撞鐘」的和尚！從這一層意義上說，「按酬付勞」的思想又顯示了高度的責任心！

認識了這一點之後，我們再把「按勞付酬」和「按酬付勞」的各自兩面的意義加以綜合歸納，就可以發現兩者之間並無矛盾。「按勞付酬」是從管理角度提出來的，而「按酬付勞」是從「勞動」角度提出來的，其中，都含有對完善分配制度的盼望和追求。按照各人的勞動付給相應的報酬，既然獲得了一定的報酬，就一定要付出相應的勞動；也含有對現行分配方式中的「不合理因素」的否定和制約。由於勞動的數量（或質量）未能在分配上得到承認，因此，勞動者不願再繼續付出這種被否定的勞動。兩者共同追求的，是分配方式的合理和完善，只是提出「口號」的角度不同，層次不同而已，其間並無思想衝突，或者說，雙方都正確闡述了理論的一個方面，而又各有其不全面性，唯有將兩者「珠聯璧合」，才能構成完整的分配理論。但長期以來，人們僅根據它們所談的都是分配問題，就錯誤的判定它們是兩種對立的觀點，於是，以一方去否定另一方，這就犯了「瞎子摸象」的錯誤。

由上述諸例可知，具體辯證思維對於改變傳統的固定思維是極有價值的。它不僅能開闊我們的視野，拓展新的思路，從而在論辯中更準確、更有力的擊敗對方，而且也有利於全面掌

第二章　辯證思維，高瞻遠矚

握所論辯的問題，並進而看到對方觀點中的合理成分，從而避免不必要的糾纏，使我們的論辯水準大大提高。

在辯論賽中使用高瞻遠矚戰術，必須運用辯證思維。

具體辯證思維階段研究的概念是結合概念的具體內容，包含著差異、矛盾、對立，是複雜多樣的辯證統一體。這種概念我們稱之為具體概念或辯證概念。在辯論中，我們要想牢牢的掌握住論辯的主動權，就必須注意概念的辯證特性。

在「人性本善」這一辯題準備的正方辯詞中，關於「人」這一概念的辯證特性便表露得最為淋漓盡致。辯詞中這樣寫道：

「人是由惡性和善性組成的。正如費爾巴哈（Feuerbach）所說：『人半是天使，半是野善。』人具有食、色、勞動、思維等各種機能，當這些機能處於人性的支配下時，人的行為是善的。就某個而言，當人性在他身上占主導地位時，他的本質是好的，反之，當獸性占主導地位時，他的本質則是壞的。當我們說某個人的本質是壞的時候，只表示他的人性處於獸性的壓抑下，而非人性本惡。就如同太陽是明亮的，但當發生日食時，我們不能一葉障目，不見泰山，得出太陽本暗的結論。」

正方這裡指出，人具有人性，當人性占主導地位時，人的行為是善的；人又具有獸性，當獸性占主導地位時，人的行為是惡的，人就是由人性和獸性、善和惡組成的矛盾統一體。在論述了「人」這一概念後，接著又論述人的「本性」，其中寫道：

「人性作為人類本性是人有別於其他動物的根本特性。科學常識告訴我們，人是從低等動物進化而來的，這也正是人身上具有獸性的根本原因。然而人之為人不在於獸性，唯有人性才在人與其他動物之間劃出了一條涇渭分明的界線，也唯有人性才在人類身上蓋上了偉大而尊嚴的印記。獅身人面的史芬克斯（Sphinx）不僅是偉大的藝術品，也是人類本性覺醒的一個重要象徵。人已經從自然界中挺身而起，抬起了自己高貴無比的頭顱！」

這裡肯定人的本性是人性，是善，但並沒有否定人具有獸性的方面。這樣的論辯中便可左右逢源、穩操勝券。

大學生電視辯論賽第六場比賽中，正方代表隊的論點是「菸草業對社會利大於弊」。正方在陳述這一觀點時就採用了辯證思維技巧。首先他們承認：吸菸危害健康，這正是菸草業的弊之所在。這是眾所周知的。然後他們又指出：菸草種植、吸食的歷史遠遠長於菸草業的歷史，菸草業這一行業的產生與存在是以人們的吸菸習慣所形成的社會需求為前提的。這種觀點和立意就跳出了反方所熟悉的「吸菸有害健康」的領域，而把兩軍對壘的陣地擺在了己方門前，從而占據了主動。

第二章　辯證思維，高瞻遠矚

第三章　出奇制勝，先發制人

（一）找準角度，抓住主動權

在一次亞洲大學辯論會上，有一場題為「儒家思想是四小龍經濟快速成長的主要推動因素」的辯論。南京大學隊持反方對澳門東亞大學隊。南大隊首先對辯題進行了剖析，重點研究了「儒家思想」、「亞洲四小龍經濟快速成長」、「主要」和「推動因素」四項詞組，目的是要找到一個立論的切入角度。經過認真分析後發現，辯論雙方的焦點肯定會集中在「主要」與「推動因素」這兩個詞組的連結點上，即如何理解「主要推動因素」這一概念。

南大隊猜測正方澳門東亞大學隊的思路極有可能是這樣的：將「主要推動因素」這一概念淡化，提出主要推動因素有多個，儒家思想是其中之一的立論。針對對手的這一思路，南大隊決定由「主要推動因素」這一關鍵概念入手，與對手針鋒相對，明確界定其概念，即它必須是具有總攬全局、綱舉目張的作用，它必須能把四小龍經濟快速成長的所有有利條件和推動因素組織起來，有效的協調起來。同時，南大隊嚴格區分「主要推動因素」與一般的「推動因素」，指出一般的推動因素是指一些具體的策略和政策，比如貿易立國，外貿政策，產業結構政策等等。

「不和對方在思想層次上糾纏，不用西方的個人功利思想來對抗儒家思想，承認儒家思想在當代社會積極的作用，但它

卻沒有經濟功能；至於主要推動因素，只能是正確的策略和政策。」這就是南大隊的整體思路。

這樣的思路很奇。因為思想確實能夠影響到人的行為，但是很難說清楚它究竟在多大程度上以及在什麼範圍內發揮這種作用。相反，「事實勝於雄辯」，在實際辯論中，南大隊列舉了大量實例向評審和聽眾說明在四小龍經濟發展過程中確立的一系列策略和政策中並沒有展現什麼儒家思想，用這些「實」來攻擊對方「虛」的一套推理，結果威力很大。由於南大隊這一思路完全出乎對手的意料，因此場上主動權始終被南大隊牢牢掌握著。

（二）定義正名，揭示實質

據《貞觀政要》載：唐朝初年，唐太宗李世民任用魏徵作諫議大夫。魏徵由於為人正直，主持公道，得罪了一些人，遭到非議。李世民派溫彥博去責備魏徵。魏徵因此去見唐太宗說：

「我希望陛下讓我作一下良臣，不要讓我作忠臣。」

李世民聽了很吃驚，趕緊問：「良臣和忠臣不是一樣嗎？」

魏徵答道：「不一樣，像古之稷、咎陶，就是良臣；像龍逢、比干，就是忠臣。良臣以國事為重，公而忘私，本身享有

第三章　出奇制勝，先發制人

美名，君主獲得好的聲譽，子子孫孫傳下去，國運無窮。忠臣則不然，唯唯諾諾，只為個人打算，君主會因他落得個昏庸的惡名，甚至國亡家滅。這便是忠臣與良臣的區別。」

魏徵這裡由於使用了定義正名：分別指出良臣和忠臣這兩個概念的確切含義，間接委婉的批評了皇帝只喜歡唯唯諾諾之流，並暗示了這樣做的惡劣後果。魏徵的論辯深刻有力，令李世民大為感動。

在辯論中，當辯論隊員碰到一些邏輯上或理論上都比較難辯的辯題時，也可以引入一個新的概念，來化解難題。這樣做不但讓人覺得立意新穎，還可以使自己立論中的某些關鍵概念隱在後面，不直接受到對方的攻擊。

要使論辯能順利的進行，我們就必須明確概念的含義，也即要明確概念的內涵是什麼。定義正名就是透過揭示一個概念的本質屬性來達到明確概念內涵目的的論辯方法。

定義正名是一種強有力的論辯方法，有時當我們面臨困境，透過給出相關概念的精確的定義，明確其中的含義，便可獲得反敗為勝的論辯效果。以一次辯論會決賽關於「人性本善」的論辯來說，反方所要論證的是「人性本惡」，他們所以能夠獲得決賽的勝利，原因之一是首先給出了「人性」、「善」、「惡」等概念的定義，明確了其中的含義。他們的辯詞是：

（二）定義正名，揭示實質

　　我方立場是：人性本惡。

　　第一，人性是由社會屬性和自然屬性組成的，自然屬性指的就是無節制的本能和欲望，這是人的本性，是與生俱來的；而社會屬性則是透過社會生活、社會教化所獲得的，它是後天屬性。我們說人性本惡當然指的是人性本來的、先天的就是惡的。

　　第二，提到善惡，正如一千個觀眾就會有一千個『哈姆雷特』，一千個人心目當中也會有一千個善惡標準。但是，歸根到底惡指的就是本能和欲望的無節制的擴張，而善則是對本能的合理節制。我們說人性本惡正是基於人的自然傾向的無限擴張的趨勢。那個曹操不是說過：『寧可我負天下人，不可天下人負我』嗎？那個路易十五不是也說過『在我死後哪怕洪水滔天』。還有一個英國男孩，他為了得到一輛自行車竟然賣掉自己三歲的妹妹。這些，對方還能說人性本善嗎？」

　　本來，「人性本惡」是一個難度極大的辯題，因為主辦國新加坡是一個崇尚人性本善的國度，評審團中大多數專家學者也是人性本善論者，但是由於反方隊伍恰當運用了定義正名術，明確了「人性」、「善」、「惡」等概念的確切含義，在論辯中反而遊刃有餘，博得了一次又一次熱烈的掌聲，獲得了評審團極高的評價，最後以絕對優勢一舉奪得這次大賽的冠軍。

（三）高屋建瓴，雄辯有力

　　某一年國際大學辯論賽上，辯題「愛滋病是醫學問題，不是社會問題」就很難辯。在審題時，作為反方的隊伍思考：愛滋病的傳播，可以透過性濫交，以及血液傳染等途徑，這些都有利於正方。但這裡也有很大的漏洞，它把兩個問題對立起來了。其實愛滋病既是醫學問題，又是社會問題，而現在你要說是醫學問題，就不能說是社會問題，反之亦然。

　　在這種情況下，如果全盤否認愛滋病是醫學問題，會於理太悖。因此反方隊大膽提出了「社會系統工程」的概念：判斷一個問題屬於什麼性質，有三個標準，即這個問題是怎樣產生的，又是透過什麼途徑傳播的，最後這個問題的根本解決要透過什麼途徑。根據這三條，可以認為愛滋病是社會問題，而不是醫學問題。在整個社會系統工程解決愛滋病的過程中，包含了醫學這一途徑，但這並不能說明它是一個醫學問題。這樣就等於在肯定愛滋病是社會問題的前提下談醫學途徑，反方隊居高臨下的包容了對方的立場，擴大了可供迴旋的餘地，而對方不得不花大力氣糾纏在反方隊提出的新概念上，其攻擊力就大大的弱化了。請看反方隊的精彩辯詞：

　　反方二辯：……第一，愛滋病源於社會機體的症候群。隨著物質生活的豐富，許多人的觀念日漸消沉、墮落。人們在享受到物質生活和財富的同時，卻被吸毒、性濫交這些惡習所侵

擾，這就為愛滋病的泛濫提供了溫床。在對美國紐約 2.5 萬愛滋病的帶原者的調查中就發現，其中 94% 的人是因為吸毒而染上的。如果吸毒不是社會問題而是醫學問題的話，那麼新加坡中央肅毒局就是改成中央消毒局了……

第二，報載泰國北部 13% 的年輕人已染上愛滋病毒，而在澳洲，不僅人患病，就連四分之一的貓也成了愛滋病毒的帶原者。而對這麼大的社會惡瘤，是靠醫生手術刀就能剜除嗎？

第三，解決愛滋病的問題，只有依靠社會的系統工程。在烏干達由於愛滋病的緣故，3,700 萬的人口到 2020 年就降到 2,000 萬了。「上窮碧落下黃泉，兩處茫茫皆不見」，如果等待醫生發明出靈丹妙藥的話，到那時烏干達恐怕早就變成了子虛烏有了。……

反方三辯：……而蓋洛普民意調查清楚顯示，美國人在 1990 年代最擔心的社會問題當中，愛滋病僅次於狀元 —— 暴力問題，高列榜眼之位。在非洲，愛滋病像侏儸紀動物園裡的恐龍恣肆橫行。社會已遇到了如此重大的威脅，對方辯友還認為愛滋病不構成社會問題嗎？

第二，愛滋病對社會各階層造成了嚴重的心理恐慌。人要是不幸被愛滋病愛上了，可就「此恨綿綿無絕期」了。因此談「愛」色變、聞「愛」喪膽的情況屢見不鮮。在紐約曼哈頓第五次防止愛滋病的遊行過後，在醫院竟突然多出一大批認定自己有愛滋病的精神病患者。……

（四）拓寬思路，準備充足

在某一年國際大學辯論賽上，辯題是「溫飽是談道德的必要條件」。在這一辯題中，涉及到「溫飽」、「談」、「道德」、「必要條件」這些基本概念。反方隊分析，出於論題的需求，對方會把溫飽的概念無限擴大，特別是把「溫飽」和「生存」等同起來，因此反方隊確定了「貧困」、「溫飽」、「富裕」三大生活狀態，盡量把溫飽限制在確定的意義上；同時，對方又必然會把道德的概念無限窄化，從而為「談道德」設置種種障礙，對此，反方隊的目的就應把「道德」的概念盡量寬泛化，從而為其立論 —— 在任何條件下都能夠談道德創造條件。

對於辯題中的一個關鍵詞彙：「必要條件」，反方隊搶先做解釋：

反方一辯：……所謂必要條件，從邏輯上看，也就是「有之不必然，無之必不然」的意思。因此，對於今天的辯題，我方只須論證沒有溫飽就不能談道德，而對方要論證的是，沒有溫飽就絕對不能談道德。……

這就等於為己方的立論加上了一道防線，同時限定了對方在邏輯上的路線，從而爭奪主動權。

反方隊一辯的立論辯詞相當精彩：

反方立論：

（四）拓寬思路，準備充足

一辯：謝謝主席，謝謝各位。剛才，對方辯友把溫飽放到了壓倒一切的位置，還問了我們很多問題。我要告訴對方辯友的是，比溫飽更重要的是道德。人活著不僅僅是為了吃飯。

我方認為，溫飽不是談道德的必要條件。有理性的人類存在，才是談道德的必要條件。只要有理性的人類存在，在任何情況下都能談道德。走向溫飽的過程當中，尤其應該談道德。

第一，溫飽絕不是談道德的先決條件。古往今來，沒有解決衣食之困的社會比比皆是，都不談道德了嗎？今天，在衣不蔽體、食不果腹的衣索比亞就不要談道德了嗎？在國困民乏、戰火連綿的索馬利亞就不要談道德嗎？古語說，「人無好惡是非之心，非人也。」人有理性，能夠談道德，這正是人和動物的區別所在。無論是飢寒交迫還是豐衣足食，無論是金玉滿堂還是家徒四壁，人都能夠而且應該談道德。

第二，道德是調節人們行為的規範，由社會輿論和良心加以支持。眾所周知，談道德實際包括個人修養、社會弘揚和政府倡導三層含義，我們從個人看，沒有衣食但仍然堅持其品德修養的例子，實在是不勝枚舉。孔老夫子的好學生顏回，他只有一簞食、一瓢飲，不仍然「言忠信，行篤敬」嗎？杜甫的茅屋為秋風所破的時候，他不還是想著「安得廣廈千萬間，大庇天下寒士俱歡顏」嗎？說到政府，新加坡也曾經篳路藍縷。李光耀先生就告誡國人：我們一無所有，除了我們自己。他強調道德是競爭力勝人一籌的重要因素。試想，如果沒有政府倡

導美德，新加坡哪裡有今天的繁榮昌盛，國富民強呢？

　　第三，所謂必要條件，從邏輯上看，也就是「有之不必然，無之必不然」的意思。因此，對於今天的辯題，我方只須論證沒有溫飽也能談道德。而對方要論證的是，沒有溫飽就絕對不能談道德。而這一點對方一辯恰恰沒有自圓其說。

　　雨果（Hugo）說過，「善良的道德是社會的基礎。」道德是石，敲出希望之火；道德是火，點燃生命之燈；道德是燈，照亮人類之路；道德是路，指引我們走向燦爛的明天。

　　以上我主要從邏輯上闡發了我方的觀點。接下來我方辯友還將以理論、事實、價值三方面進一步闡述我方觀點。謝謝各位。

（五）立論創新，另闢蹊徑

　　我們對辯論觀點進行修琢，或擴展，或限定，或另闢蹊徑，透過創造性的加工來確定觀點，為辯論提供更加廣闊有利的思路，從而在根本上占據主動，這裡面必須包含獨特的創意。

　　例如某大學校內辯論會上曾有「高消費對本國市場經濟的發展利大於弊」一題。這其實也是一個不易說清的問題，即使在學術界，也仍在爭論之中，因此正面強辯必定勞而無功。於是雙方都偷梁換柱、暗渡陳倉，在辯論中使用了偷換論題這一

策略，並且都極富有創意。

首先是正方將這個難以一言蔽之的「高消費」解釋成「高層次、高品質、高品味」的消費，用這「三高」概括了高消費的含義，迴避了消費的「高數額」問題，指出數額只是一個相對概念，任何時候都不可能劃出一個數額界限來分斷消費的高低，任何一個時候也不可能達到社會財富的平均分配，從而某些人的高消費勢必是另一些人的低消費，反之亦然，所以僅用數額來定義消費程度只是相對的，不科學的，進而用「高層次、高品質、高品味」這一套自己設計的衡量標準將高消費的範疇引向了產品品質、產品更新速度與消費者心理上去，結合國情、抨擊本國市場上偽劣產品泛濫、產品更新換代慢、消費行為低下、消費觀陳舊等弊端，完全擺脫了大家對高消費一詞不好的先入之見，將辯論引入了對自己有利的領域。

反方同樣也不示弱，並不駁斥高消費有什麼不好，避過正方鋒芒，提出一個「適度消費」，並大加渲染。本來就辯題而言，反方的論點應是「高消費對本國市場經濟的發展並非利大於弊」，但他們沒有說這個，而是利用了傳統中庸思想，透過對適度消費的憧憬來換取聽眾與評審的認可。對於高消費的弊處反方並未深入闡述。他們想用此法將辯論引入於己有利的方面。

同一個辯題，雙方各自有自己理解，都進行了觀點轉換，關鍵就是看誰的轉換更巧妙、更隱蔽、更富有創意。應該說正

方在這一點上略勝一籌，所以從正方二辯起就對反方的「觀點轉換」進行了攻擊，並打了個形象的比方：說對於「蘋果要削皮吃好」這一論題，如果你能論證蘋果「不削皮吃也好」，那麼並不能視為是反對原論題，因為你沒談「為什麼蘋果削皮吃不好」，實際上是對原題沒有進行任何駁斥，有可能是兩者都好，原論題依然成立。進而正方的結辯乾脆說道：鑑於「適度消費」沒有一個統一的標準，那麼可以認為在一個特定的時代能促使特定國家經濟成長的消費便是適度的。而「在本國市場經濟發展伊始的今天，我們的適度消費就是追求高層次、高品質、高品味的高消費。」由此而動搖了反方的立論底線，於觀點上已占了上風。

（六）方向定準，巧設立論

在某一次電視辯論大賽中，有一場比賽辯題為「法制能消除腐敗」。反方隊的立論創意在於對法制的作用做了規定，認為法制不能消除腐敗，但能遏制腐敗。

反方一辯：

謝謝主席，大家好！（掌聲）今天在這個莊嚴的大廳裡，我們所探討的法制能否消除腐敗的問題，是一個關係到國家生死存亡的大問題。因此，我們更應當冷靜、理智、深刻、現實。我們必須看到，法制只能遏制腐敗。而不能消除腐敗。正

所謂無法不足以治天下，而天下非法所能治也！（掌聲）我方認為，所謂法制就是依法治理，所謂腐敗是指國家機關包括執政黨的公職人員利用公共權力牟取私利的違法、違紀、違反社會道德的行為。腐敗的本質特徵是公共權力的非公共運作，而所謂消除就是消滅、消除，使之不存在。我們注意到對方在概念上和我們發生了分歧。對方認為法制是民主政治下以法律為核心的綜合治理。我感到很奇怪，這到底是依法治理消除腐敗，還是法制社會消除腐敗呢？法制社會能夠消除瘟疫，能說法治能消滅瘟疫嗎？對方又說，消除不能理解為絕對為零，而是作為一種現象不存在，零星個別腐敗存在也叫作消除，那我感到很奇怪了，假如我們大學的校長在此宣告：我們大學已經消除了考試作弊的這種醜惡現象，只是還有個別同學在實在不會的情況下才偶爾的互相抄一下，難道這叫消除嗎？（長時間掌聲）謝謝！我方認為法治不能消除腐敗理由有三。第一，法治的內在局限性是法治不能消除腐敗。二，法治基礎的不穩固性使法治不能消除腐敗。三，腐敗自身的特性以及產生的根源和條件也決定了法治不能消除腐敗。下面我著重從法制的內在局限性闡述我方立場。首先法制的首要環節是立法（鈴聲），立法依據人對社會實踐的理性認識，而人對社會的認識總是有限的，這就決定了立法必有疏漏，請問必有疏漏的立法如何能消除複雜多變的腐敗呢？其次，法制的基本環節是執法，執法的公正與嚴謹不僅取決於執法者價值觀念和判斷的一致，更

取決於執法者的素養。在國外執法者犯法的醜聞時有披露，而在本國每年也有一些人執法犯法、貪贓枉法，敗壞執法者的形象。執法的不確定性怎麼能夠消除腐敗呢？最後，法治的基本前提是法律，法律作為社會控制的基本方法，必然具有穩定性和普遍性，這就使法律不可能對社會的具體現象包容無遺，更不可能朝令夕改，這就使法律具有僵硬性，從而造成了腐敗的灰色地帶，使腐敗在法與非法、罪與非罪，譴責與讚許、容忍與懲治的邊緣，逃避懲治、滋生蔓延、長期存在（鈴聲），綜上所述，法治不能消除腐敗！謝謝！（長時間熱烈掌聲）

有了良好的立論，反方三辯繼續高舉立論創意大旗，繼續深入分析。本場比賽反方隊始終掌握著場上主動。

反方三辯：各位好！對方辯友剛才說，只要能夠懲治一些腐敗，當然還會有一些漏網之魚，這就叫清除腐敗了。那麼，這很奇怪，這不正是說明這是遏制了腐敗而不是消除腐敗嗎？（掌聲）對方又說，作為一種社會現象，只要它不再危害這個社會，那麼這就說明我們消除了腐敗。那又奇怪了。我請問對方，多少人腐化，算作是一種社會現象。多少人不腐化又不算作是社會現象。一個人頭頂上還剩幾根頭髮算是禿子？兩根？一根？還是沒有啊？（長時間熱烈掌聲）所以說，法治的內在局限性和法治基礎的不穩固性已經決定了法治只可能遏制腐敗而無法消除腐敗。下面，我就將從腐敗的特性和根源入手來證明我方的觀點。首先從特性上看，第一，腐敗具有複雜多樣

性。錢權交易，徇私舞弊，道德淪喪，官僚主義，違法違紀，違反社會道德的腐敗林林總總，不一而足。第二，腐敗具有傳染擴散性，金錢誘惑使得那些意志薄弱的人，從站著看到跟著做，致使腐敗不斷的蔓延。第三，腐敗具有頑固性。只要土壤和條件仍然存在，腐敗就必然產生並且蔓延。那些曾經被懲治的腐敗，也會在新的氣候下，變換著形式重新滋生。第四，腐敗具有隱蔽性。幕後活動是腐敗的主要行為方式，而欺騙、偽裝又是腐敗慣用的伎倆。腐敗的這些特性、又正是產生腐敗黑水造成反腐敗出現死角的一個重要原因。西方的司法部長們不禁因此而嘆息，能夠被揭露的腐敗只不過是冰山之一角。揭露與懲治尚且如此，又何論消除呢？其次，腐敗有其深刻的根源。人貪欲的惡性膨脹，權力對人的誘惑和迷惑（鈴聲）、社會利益、差異以及社會需求的短缺，還有特定的時期體制轉換都在不同程度的滋生著腐敗。特別是公共權力與膨脹私欲相結合就必然產生腐敗。孟德斯鳩（Montesquieu）說得好：「一切有權力的人都容易濫用權力。」這是一條萬古不易的經驗，阿克頓（Acton）說得更為直接：「權力導致腐敗，絕對的權力導致絕對的腐敗。」而法治對於腐敗產生的決定性基礎權力的制約，卻是有限的。權力制約的有限性也一直是權力制衡所無法踰越的難題。而且，法制根本無法阻止公共權力與私欲的祕密聯姻。權力擁有者的占有欲和他的優越感的媾合已經日益形成了一種難以消除的腐敗，必須標本兼治。既要消除腐敗的現

象，又要消除腐敗的根源。（鈴聲）但是，由於法治自身的局限，決定了法治無法消除腐敗。（主席：時間到）謝謝大家。（長時間熱烈掌聲）

我們可以看出，創意的主要作用便是為己方爭取主動，從立論基調上將自己置於一個更高更有利的位置，並可以使因題目限制而相對不利的一方改變困境，透過對立論方向的巧妙設計為自己贏得更大的迴旋餘地，這樣可以讓對手更被動，有助於從策略上擊倒他。另一場題為「人類和平共處是一個可能實現的理想」的亞洲大學辯論賽大決賽，正方隊把「和平」的反面理解為「戰爭」，而反方隊也咬文嚼字，將其理解為「暴力」，兩者相比，畢竟戰爭更容易避免。

（七）攻擊是最好的防守

俗話說：「攻擊是最好的防守。」在辯論上，這句話也可以奉為每辯必勝的金科玉律之一。這裡所謂的攻擊，絕不是「暴力的行使」，辯論的主要武器既然是言語，目的不在「狠狠的把對方整一頓」，而是使對方心服口服（達到說服的目的）。

辯論的目的若是在激怒對方，那是旁門左道，不足為法。如果心存此念，還是乾脆不辯論也罷 —— 這是我們應有的認知。

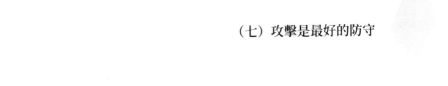

（七）攻擊是最好的防守

這時候，務必注意的是：「言論之力，全賴理路井然」的事實，這是最要緊的觀念。

缺少理路（邏輯程度）的言論，等於毫無力量，所以，你若「反扭」對方的理論，轉守為攻，對方的攻擊力，就蕩然不存，你這一扭，就反而成為致其要害的力量。

這才是穩操勝券的辯論招數。這時候的推論方式，就變成這樣：

(1) 我認為這個問題的關鍵是如此，你認為呢？（第一招）
(2) 我認為它是這樣，你認為呢？（第二招）劈口如此說出的方法，會逼使對方陷入「不得不肯定」的境地。

如果，你只知片面的羅列各種理論，一意猛攻，對方就絞盡腦汁，設法從中尋出漏洞，以便否定你說的話，無異增加了對方攻擊的據點，殊為不智。

採行（1）、（2）的方法，逼使對方陷入「不得不肯定」的境地，如果對方仍然一意反擊，你就使出「反扭對方理論」的一招。

（1）和（2）可說是為這而做的準備行動（輔助工作）。當然，要反扭對方，你就勢必有個周全的準備——事先就擬好理論梗概。

對方如果這麼說，我就這麼轟回去，對方如果那樣說，我就這樣頂回去——這一類的腹案，至為重要。對理論上最終

的結論，牢牢在握的人，若採用「車到山前必有路」（聽其自然）的方法，也未嘗不可。

　　要謹記於心的，是千萬別急於有所表現，而把自己理論上的王牌，一下子全都亮出來，這就等於漏了整個底，敵方自可從容算計，伺機而攻，那就勝算難握，無異自埋敗機。

　　也就是說，你要把準備好的一、兩種理論，零星推出，藉此觀察對方的反應。

　　當你斷定對方劣弱不堪，這才立刻推出王牌，以銳不可擋之勢，一舉決勝負。

　　這種「一氣呵成」的方法，必須敏於判斷，速於行動，否則，容易馬前失蹄，使你飲恨而敗，所以，伺機而行就成為不可忽略之事。要是看出對方絕非等閒之輩，你就先把手頭上握有的「次強」的理論，推出一、二，足以決定勝機的最強的王牌，就得暫時隱藏不露，直至時機已到，這才以排山倒海之勢，傾巢而出，一舉擊垮對方。類似強詞的道理，說了一次，若再說第二次，就功力盡失，說了等於白說。

　　這就是「珍藏的王牌」非到最後關頭，絕不可亮出的道理所在。

　　要是手頭上的「棋子」，已經用盡，也莫慌張。你可以運用對方的「棋子」，達到「以彼之語，攻彼之語」的目的。譬如，你可以這樣說：

（七）攻擊是最好的防守

(3) 從你的理論聽來，不也可以解釋成這樣嗎？這不成了跟我說的道理完全相同了？（第三招）

(4) 剛才你是那麼說的，如今又說成這樣，這不是自相矛盾嗎？到底哪一種才對呢？（第四招）

老實說，以逸待勞才是最聰明的論辯祕訣之一。

你可以設法逼對方掉進理論的陷阱，使之無可自拔。

譬如：

> 起初，任他言所欲言，從中逮住口實，作為後來反攻的憑證。

> 對方一掉入陷阱就馬上採取還擊行動。

當對方因而退縮或招架無力，也出盡了「棋子」，你就出動你的王牌，一舉逼使對方陷入進退不得的困境，然後，封住其口，置於死地。

對議論，辯論的精擅或是奇拙，情況就跟玩象棋時動「馬」移「車」，飛「炮」過「卒」極其類似。以對方的「棋子」攻擊對方，是議論、辯論最管用的招數之一。

有位借款能手，可說是應了「智者千慮，必有一失」那句俗語。

他犯了很大毛病。什麼毛病呢？因為，他一開始就小看了對方，以為只要開口，事之成功，易若折枝，沒想到，被來個「先發制人」，由於心裡無此準備，心一慌，驟改策略，想用

67

「有一樁好生意，穩賺不賠」的餌，釣對方。

由於對方一碰面就戒意在心，於是以「撈一票的好生意，我也有，而且利潤之高，非你老兄的可比」這一招回敬，這叫作「以子之矛攻子之盾」，等於把對方重要的棋子，一手奪了過去。

對方似乎無意借錢給您（大出意外），這時候，不該心慌意亂。一眼看出對方不易就範，一開始就要使用「反語法」，使對方除去戒心。下面就是幾個例子：

> 我可沒有向你借錢的意思。

> 我無意請你幫我一把。

> 我才不會請你替我做這個，做那個呢。

> 我才沒有要你同情的意思。

> 我沒有請你這麼做的意思。就算目的是使對方從口袋中拿出錢來，也莫操之過切，先得用這種口氣，使對方心寬而無防備。然後，在融洽的氣氛中，扯到「撈一票」的事，邊向他說明，邊徵求對方的意見。

(5) 我覺得這是立刻見效的賺錢法，你覺得呢？（第五招）

(6) 說說你的意見吧，你這方面的眼力比我高多了，很可以做我們行動的指標呀。（第六招）

如此這般，抬高對方的價值（也就是所謂的戴高帽子），把你手裡的「棋子」，暫時交給對方。

（七）攻擊是最好的防守

　　這麼一來，對方就不免為之得意（這就是人性的弱點），拿著你的「棋子」，打出你要他打的棋路來。

(7)「我覺得這件事該這麼做。這一招比任何方法還管用呢。」
（第七招）
　　使對方不知不覺中掉入你預設的這個陷阱，那麼，事之成功，已經是八、九不離十了。

(8)「這個方法的確不賴，十拿九穩，成功無疑，怎麼樣？既然成功無疑，請你助一臂之力吧。

　　「有你這樣的智多星，隨身在側，替我策謀，我就篤定如山了。老實說，有人很想跟我合資做這一票，但是，我總覺得與其跟別人合夥，莫如跟你合夥，做來才輕鬆、穩當。

　　「這是我由衷之言，不過，我絕不勉強，只是聽您這麼一說，事情就有把握，希望也不會落空。你就助我一把吧。」
（第八招）
　　斷然下這樣的結論，您說，他既已列舉「必成無疑」的理由，怎能抽身而逃？

　　就算他有悔意，總不能辯說。

　　「我剛才說的，全是彌天大謊。」

　　他只有被逼得不得不說出你要他說的那句話：

　　「好吧，我盡其可能協助你就是。」

（八）攻心為上，巧言說服

這一類「棋路」，也可以運用到推銷工作。一個推銷員如果善用此招，必定如獲至寶，成績拔群。

一開始就讓對方心裡大安，然後，衝入其懷（逮住對方的話柄），「以子之言攻子之身」，逼得對方動彈不得……這種論戰方法，在說服術而言算是最頂尖的。

一般人經常使用的是下面的方法，如果口氣不對，或轉折無術，往往「一語撞倒山」，造成反效果，稍一不慎就變成拙劣的說服術，所以，使用時務必小心。例如：

> 「以您老兄的知識程度，對這個理由當然知之甚詳。」

> 「您對它全然不知？哪有這等事？我才不相信。」

> 「您是故裝不知，對不對？」

> 「這個問題，您應該了解的。」

> 「您該有『萬公不出，其如蒼生何』的想法呀，您不出面，這個問題是解決不了的。」

> 「我相信您是個堂堂七尺之軀的男子漢，否則，怎會求您？」

> 「我知道對您說這種話，是聖人面前賣孝經，但是，東思西想，還是不得不打開天窗說亮話呀。」

也有比這些更高一級的說服術。例子如下：

> 「我知道必然這麼說，但是，進一層分析，它應該是這樣。」
> 「我做夢也沒想到您會反對這件事。」
> 「您的意見，我早就想過，倒不必多此一舉再問您的。」

最巧於運用這種戰術的人，他的話就顯得尖利，更咄咄逼人了。例如：

> 「這原就是您的意見呀，難道是我會錯了意？」
> 「根據您平時的主張，這就是這樣，怎會錯了？」
> 「它本來就是從您的意見來的，豈可反悔？」
> 「您萬萬不會反對的，不過，為了鄭重其事，我還是再叮囑一番。」

以上所說的措詞方式，經常用來「拖人進入您的步調中」。

第三章　出奇制勝，先發制人

第四章　順題立論，逆題辯駁

（一）「我要到國會去！」

西元 1843 年，林肯作為伊利諾州共和黨的候選人，與民主黨的卡特賴特（Cartwright）競選該州在國會的眾議員席位。

卡特賴特是個有名的牧師，他利用自己的有利地位，大肆攻擊林肯不承認耶穌，甚至誣衊過耶穌是「私生子」等，搞得滿城風雨，林肯在選民中的威信驟降。

林肯胸有成竹。有一次，林肯獲悉卡特賴特又要在某教堂做布道演講了，就按時走進教堂，虔誠的坐在顯眼的位置上，有意讓這位牧師看到。卡特賴特認為好機會到了，大可讓林肯當眾出醜。當牧師演講進入高潮時，突然對信徒說：「願意把心獻給上帝，想進天堂的人站起來！」信徒全都站了起來。「請坐下！」卡特賴特繼續喃喃祈禱之後，又說：「所有不願下地獄的人站起來吧！」當然，教徒霍然站立。

這時，牧師用特有的神祕而嚴肅的聲調說道：「我看到大家都願意把自己的心獻給上帝而進入天堂，我又看到除一人例外。這個唯一的例外就是大名鼎鼎的林肯先生，你到底要到哪裡去？」

林肯從容站起來，面向牧師，其實是面向選民，平靜的說：「我是以一個恭順聽眾的身分來這裡的，沒料到卡特賴特教友竟單獨點了我的名，不勝榮幸。我認為：卡特賴特教友提出的問題都是很重要的，但我感到可以不像其他人一樣回答

問題。他直截了當的問我要到哪裡去，我願用同樣坦率的話回答：我要到國會去。」

在場的人被林肯雄辯風趣的語言征服了，甚至忘了自己身處教堂而熱烈鼓掌，使卡特賴特狼狽不堪。

美國不論是議員還是總統的競選，相互攻擊是司空見慣習以為常的現象，勝敗的關鍵一般在於能否澄清事實。在特定的交際環境中，成功的希望，決勝的運籌全在於能順題立論，借勢還擊，既表現出成竹在胸、高瞻遠矚的領袖風範，又顯露出過人的機敏、曠世的睿智、幽默的才華，從而征服選民。共和黨的亞伯拉罕·林肯與民主黨的卡特賴特競選國會眾議員席位，處於有利地位的卡特賴特透過攻擊林肯的方式降低其在選民中的威信，如果不做出正面反應，競選可能就要失敗。於是當卡特賴特在教堂進行布道演講並企圖用刁難來使林肯出醜時，林肯接過「你到底要到哪裡去」的話題，坦率而昂然的宣布「我要到國會去」。觀點鮮明、立場堅定，弄得卡特賴特措手不及，而此舉也更好的塑造了自己開誠布公、矢志不移的領袖形象，為重新提高威信創造了一個良好的開端。

（二）「你得換一支手錶」

美國第一任總統華盛頓有一個年輕的祕書。一天早晨，祕書遲到了。看到華盛頓在等他，祕書就企圖以手錶出了毛病為

自己辯解。華盛頓輕聲對他說：「恐怕你得換一支手錶，否則我就得換一個祕書了。」

　　作為工作人員，有時遲到在所難免，但必須認知正確，不可放任自流，更不能找藉口搪塞。華盛頓的一位年輕祕書遲到了，想用手錶出了毛病來辯解，華盛頓接過這個話題提出了自己的看法：「你得換一支手錶。」言外之意是手錶出了毛病不是遲到的理由，同時也發出了警告，敦促他恪守時間，踏實工作。

（三）養牛專家與成就大業

　　1979 年約翰・梅傑（John Major）在牛津亨廷頓選區首次當選為議會下院議員。在競選中，一位農場主人當面批評他說：「梅傑先生，你對農業所知甚少，這使我頗感驚訝！」

　　梅傑並不生氣，他回答說：「先生，您說得對，我不知道牛頭，也不知道牛尾；不過我可以向您保證，只要您投我的票，我將在 24 小時內成為一個養牛專家。」那位農場主人笑著投了梅傑一票。

　　梅傑既沒有高貴的門第家世，又不曾負笈牛津、劍橋，他是靠自學成才的。47 歲的梅傑成為 20 世紀最年輕的首相。有人對此頗懷疑慮，曾當面對他講：「先生，你太年輕了，還不夠老練。」

　　梅傑卻環顧四周說：「如果一個人成熟了，也就衰老了，

我認為社會應該支持我在未老之前成就大業。」他巧妙的幽默語言幫他擺脫了不少窘境，贏得了選民的稱讚。

　　這是約翰・梅傑的兩則口才故事，都表現他所運用的順應話題、機智立論的高超言語技巧。當農場主人批評他對農業所知甚少時，他除了坦誠相告之外，還機敏的接過話題稱自己「在 24 小時內成為養牛專家」，表示了自己對農業的高度關注。當有人懷疑他「太年輕，不夠老練」時，他卻認為「成熟意味著衰老」，人應想未老之前成就大業，這些飽含哲理的話語本身就顯示其「少年老成、精明能幹」的智慧特點，從而贏得了選民並去實現自己的宏願。

（四）「你還抱著那個女孩嗎？」

　　在日本，有個著名的禪學故事：

　　有一次，禪學大師坦山與一道友走上一條泥漿路，此時，仍在下著大雨。

　　他倆在一個拐彎處遇到一位漂亮的女孩，因為身著綢布衣裳和絲質的衣帶而無法跨過那條泥路。

　　「來吧，女孩。」坦山說道，然後就把那位女孩抱過了泥漿。

　　道友一直悶聲不響，直到天黑後寄宿，才按捺不住的對坦山說：「我們出家人不近女色，特別是年輕貌美的女子，那是

很危險的。你為什麼要那樣做？」

「什麼？那個女人嗎？」坦山答道，「我早就把她放下了，你還抱著嗎？」

濟人危難本是善舉，然而作為出家人不近女色也是正理，這裡就有個禪思問題：「本來無一物，何處染塵埃」，恐怕是最高境界。大雨滂沱，禪學大師坦山抱一女子跨過泥漿，遭到了道友的責難，坦山就事論事，恐怕不易辯解。於是，他順著話題強調：「我早就把她放下了，你還抱著嗎？」表達了我只是接觸了一下她的身體，而你還耿耿於懷，把她記在心中。到底誰近女色？禪辯之趣由此可見。

（五）「我們兩個都是叛徒」

蘇聯外交部長維辛斯基（Vyshinsky）出身於貴族，是能言善辯的著名外交家。一次，在聯合國大會上，英國工黨的一名外交官向他挑釁說：

「你是貴族出身，我家祖輩是礦工，我們兩個究竟誰能代表工人階級呢？」

維辛斯基不慌不忙的從座位上站起來，走上講臺。這時會場上氣氛很緊張，大家以為這位外交部長一定會長篇大論的進行一番批駁。然而，完全出乎人們的意料，他十分平靜的掃了對手一眼，僅僅說了一句話：

「對的，我們兩個都當了叛徒。」

一開始整個會場鴉雀無聲，待人們理解了這句話的深刻含義時，頃刻間爆發出一陣暴風雨般的掌聲。

貴族出身與礦工出身比起來，誰更能代表工人階級呢？結論似乎不言而喻。面對英國工黨一名外交官的這種挑釁，貴族出身的蘇聯外交部長維辛斯基沒有長篇大論的進行一番批駁，而是出人意料的順著話題立論：「我們兩個都當了叛徒！」言簡意賅，含義深刻，嘲弄了對方只看出身不管實質的天真幼稚的說法，既機智又幽默。

（六）從猿開始與到人猿為止

有一次，一位銀行家問大仲馬：「聽說你有四分之一的黑人血統，是嗎？」

「我想是這樣。」大仲馬回答。

「那令尊呢？」

「一半黑人血統。」

「令祖呢？」

「全黑。」大仲馬答。

「請問，令曾祖呢？」銀行家索性問到底。

「人猿。」大仲馬一本正經的回答。

「閣下可是開玩笑，這怎麼可能呢！」

「真的，是人猿。」大仲馬怡然的說：「我的家族從猿開始，而你的家族到人猿為止。」

銀行家所提的問題，除了窺探隱私之外，還含有嘲弄的意思，大仲馬領悟到這一點，他用自嘲誇張的方式追溯自己家族的血統到人猿，引起銀行家的大惑不解，然後趁勢立論：我的家族從猿開始，而你的家族到人猿為止。反戈一擊，譏諷了對方的不文明與愚蠢。

（七）那隻迷人的猴子是我

達爾文應邀出席一次盛大的晚宴。宴會上，他的身邊正好坐著一位年輕美貌的小姐。

「尊敬的達爾文先生，」年輕美貌的小姐帶著戲謔的口吻向科學家提問，「聽說您斷言，人類是由猴子變過來的，是嗎？那麼我也應該是屬於您的論斷之內的嗎？」

「那是當然囉！」達爾文望了她一眼，彬彬有禮的回答，「我堅信自己的論斷。不過，您不是由普通的猴子變來的，而是由長得非常迷人的猴子變來的。」

正式盛大的宴會應保持愉快融洽的氣氛，即使是討論嚴肅的主題也應該如此。因此，達爾文面對年輕美貌小姐的戲謔，彬彬有禮的稱對方是由長得非常迷人的猴子變來的，文雅而風趣的表示了對自己論斷的堅信。

（八）「這裡的馬分好幾等」

　　侯白，字君素，中國歷史上著名的幽默大師，隋初人。他博學多識，才思敏捷，性格滑稽，最長辯論。因此他所到之處，「觀者如市」，當時的權貴楊素等人甚至文帝楊堅都常與之談笑，深服其機敏多辯。

　　隋初，南方的陳國派使者出使隋朝，隋不清楚這使者的為人深淺，就密派侯白換上僕人的衣服，裝作很卑賤的樣子去侍奉使者。

　　這個使者果然非常傲慢，看見侯白進來，他很隨意很舒適的躺在床上一動不動。他頭都不抬的問侯白：「在你們國家，馬的價錢怎麼樣？」

　　侯白心裡有氣卻不動聲色，他恭敬的回答：「我們這裡，馬分好幾等。第一等是腳力好、長相俊的坐騎馬，值二十千以上。第二等是筋骨粗壯、有力氣能馱重的，值四、五千以上，如果只是養得肥肥胖胖卻什麼本事都沒有，倒只會臥著不動，那一個錢也不值。」

　　使者聽了大吃一驚，從床上跳下來，他明白這絕不會是一般的僕人，一問來歷，才知道是侯白，於是連連謝罪。

　　察其言觀其行，是了解一個人最基本的方法。南方陳國使者舉止傲慢，言行無禮，因此，侯白接過馬的價錢這個話題，順勢立論：「馬分好幾等」，然後分條闡發，實際上是以馬喻

第四章　順題立論，逆題辯駁

人，同時還借題發揮，旁及對方形體特徵和剛才的行為，嘲諷
對方的無能和無知，達到了立竿見影的效果。

第五章　兩難設問，模糊應對

（一）西特努賽打賭

　　在泰國流傳著這樣一個故事：有一個名叫西特努賽的人，在皇宮做官。有一天上朝之前，他對每個官員說：「我可以洞察你們的內心，你們心裡想的什麼，我全都知道。不信我們打賭！」官員們雖然知道西特努賽足智多謀，但絕不相信他會聰明到這種地步，就想讓他在皇帝面前出醜，於是，一致同意在皇帝面前以每人一兩銀子為賭注來打賭。皇帝知道後也認為西特努賽輸定了。打賭開始後，西特努賽不急不徐的高聲說道：「我十分清楚，在座諸位大人想的是：我的思想十分堅定，我的整個一生都要忠於皇上，永遠不會背叛、謀反。諸位大人是不是這樣想的？哪位不是，請立即站出來！」官員們聽到這裡，面面相覷、張口結舌，沒一個敢站出來，都只好宣布認輸。

　　這則故事中的西特努賽確實聰明，然而他的聰明並不在於能洞察人家每時每刻在想什麼，而在於他善於抓住官員們在特定環境中的心理：不敢承認自己對皇帝的不忠，巧妙的做出了一個官員們不敢否認的「猜測」：「大家都在想著一生堅定的忠於皇上而永不反叛」。這一來，就把官員們置於一個進退維谷的「兩難」境地：

　　如果認為西特努賽猜得對，就得輸一兩銀子並公開稱讚他聰明。

如果認為西特努賽猜錯了，就等於暗示自己並非時刻忠於皇上，很可能掉腦袋。

或者是認為西特努賽猜對了，或者認為他猜得不對。

所以，或者不得不被迫輸他一兩銀子並讚他聰明；或者冒掉腦袋的危險。

「兩弊相衡取其輕」，不出西特努賽所料，官員們都不得不承認西特努賽猜對了。

（二）古希臘法官的困惑

普羅達哥拉斯（Protagoras）是古希臘一位著名的詭辯家，他有位弟子叫愛特瓦爾。收徒之初，師徒二人談好條件：愛特瓦爾先支付一半學費，另一半待學成再付。是否學成的標準以愛特瓦爾結業後贏得第一場官司為準。

可是愛特瓦爾結業後想賴那一半學費，於是便遲遲不打官司，普羅達哥拉斯催促不過，就向法庭起訴，請求公斷，可這一來就難壞了法官，因為這樁訴訟中暗含了兩個兩難推理。普羅達哥拉斯的想法是：

如果我勝訴，則依裁決，你應付另一半學費；
如果我敗訴，說明你已學成，則也應付另一半學費。
總之，你應支付另一半學費。

可是愛特瓦爾的想法則與此相反，他認為：

如果我勝訴，則依裁決，可以不支付另一半學費；
如果我敗訴，則說明沒有學成，自然也不應支付另一半學費。
總之，我不必支付另一半學費。

面對這樣的推理，法官自然會傷透腦筋，所以也不知道如何是好。

（三）死裡逃生的蹶由

據《左傳》記載：吳王派他的弟弟蹶由去犒問楚軍，楚軍卻把他抓起來，還準備殺了他來祭鼓。楚王想讓蹶由在臨死前遭到嘲笑，就問他：「你來的時候占卜，吉利不吉利？」蹶由說：「吉利。」楚王一陣奸笑，問道：「吉利？今天你要死無葬身之地了！」蹶由從容的說：「預兆預示吉利。如果你特別高興，又友好的接待我，毫無敵意，就會滋長我們吳國的自滿情緒，因而忽視了安全，我國的滅亡就沒有多久了。如今你動怒了，大發雷霆，殺我祭鼓，那麼我們吳國就會加強守備。吳國雖然弱小，但只要提高警惕，事先治好兵甲，就可以抵禦你們的軍隊。這不是『吉利』嗎？況且我們吳國只占卜國家的吉凶，不是占卜我個人。假如小臣我被殺死祭鼓，因而使我們國家知道戒備，這種吉祥，還有比它大的嗎？」

蹶由這一番話把殘暴的楚王說得啞口無言，並終於不得不放了蹶由。

蹶由一番話，勝在大智大勇，因而出奇制勝，化險為夷。勇者，是他隻身獨膽，面對殘暴的楚王，非但面無懼色，而且應對裕如，矢志為國，視死如歸。智者，則在於他巧妙的擊破了楚王的「兩難推理」的嘲弄。楚王一心要在處死他之前嘲笑他，所以故意問及來前的占卜吉利與否。如果蹶由答「吉利」，楚王會以馬上處死他來羞辱嘲弄他；如果蹶由答「不吉利」，楚王同樣可以「秉承天意」來嘲弄並處死他。他面臨的困境，堪稱進退維谷。然而蹶由機智的借用了「吉利」的歧義，避開個人吉凶的概念，而從國家安危的概念，鞭辟入裡的闡述了「楚王動怒，殺我祭鼓 —— 吳國警惕，加強守備 —— 治好兵甲，抵禦楚軍 —— 國家吉利」的辯證關係。這就不但以自己為了國家的「吉利」義無反顧、凜然赴死的大無畏氣概壓倒了楚王，而且以一人之死換全局之利的利害關係嚇住了對方。所以，楚王最後不得不放了蹶由。

（四）你第一，我也第一

南齊時，有個著名書法家王僧虔，是晉代王羲之的四世族孫，他的行書楷書繼承祖法，造詣頗深。

當時南齊太祖蕭道成也擅長書法，而且自命不凡，不樂意

87

自己的書法遜於臣子。

　　一天齊太祖提出要與王僧虔比試書法。寫畢，齊太祖傲然問王僧虔：「你說說，誰第一？誰第二？」

　　王僧虔既不願抑低自己，又不願得罪皇帝，他眉頭一皺，說：「臣的書法，人臣中第一；陛下的書法，皇帝中第一。」

　　太祖聽了，只好笑笑了之。

　　模糊應對是應付刁難的極有效的方法。

（五）閃避答問，模糊應對

　　使用閃避答問術，往往能表現出論辯者靈巧的應變能力和巧於周旋的聰明才智。

　　日本一位著名的電影演員到海外進行藝術活動時，當地朋友十分關心這位 30 歲還未結婚的電影藝術家。有人問她什麼時候結婚，這位演員微笑著說：「如果我結婚，就到這裡來度蜜月。」

　　這一回答十分巧妙，把「在何時結婚？」的問題變成了「在何地結婚度蜜月」的問題，避開了她不想公開正面回答的問題，使人不好再問下去。

　　美國前總統雷根訪問國外期間，曾與大學學生見面，有一學生問雷根：「您在大學讀書時，是否期望有一天成為美國總統？」

（五）閃避答問，模糊應對

雷根顯然沒有料到學生會提這樣的難題，但這位政治家頗能隨機應變，只見他神態自若的答道：「我學的是經濟學，我也是個球迷，可是我畢業時，美國的大學生約有四分之一要失業，所以我只想先有個工作，於是當了體育新聞廣播員，後來又在好萊塢當了演員，這是 50 年前的事了。但是，我今天能當上美國總統，我認為早先所學的專業幫了我的忙，體育鍛鍊幫了我的忙，當然，一個演員的素養也幫了我的忙。」

雷根的回答閃避了問題的實質，但又圍繞提問而展開，應付了對方的難題。

《呂氏春秋》中記載了莊伯與父親的這麼一則答辯：那時沒有鐘錶，便以太陽的方位來定時間的早晚。楚國的柱國莊伯想知道現在是什麼時候，便對父親說：

「你去外面看看太陽。」

「太陽在天上。」父親說。

「你看看太陽怎麼樣了？」

「太陽正圓著呢！」

「你去看看是什麼時辰？」

「就是現在這個時候。」

儘管兒子莊伯是柱國，也即是全國最高武官，地位顯赫，但父親畢竟是父親，兒子隨意支使父親，父親當然不高興了。因而對於兒子莊伯的要求不願答覆，便用閃避答問一概加以迴避。

第五章　兩難設問，模糊應對

在大學生辯論會中對辯敵提出的問題如果不願回答，通常也採用閃避答問來加以迴避。

例如，在國際華語大學辯論會中有一場辯題是「溫飽是談道德的必要條件」。反方隊就採用了閃避答問技巧躲過了正方的咄咄逼問。比如正方問：「小孩子偷塊麵包，你會用道德懲罰他嗎？」反方不願回答此問，閃避開去，就勢反問：「難道法律中沒有道德觀念嗎？」

反方對是否或用什麼手段對小孩子施以懲罰不願作答，於是就將話題引向另一個側面，從另一個角度回答這個問題。顯然，法律中不可能不包含道德觀念。反方在這裡就巧妙運用了閃避答問技巧。

有一位打扮時髦的富商妻子，來拜訪一位名作家，她問道：

「什麼是開始寫作的最好方法？」

「從左到右。」作家回答。

對於這麼一位飽食終日無所事事的闊太太，作家不屑於回答，因而使用閃避答問術表達了對對方的嘲諷。另外，當辯者不屑於回答對方的提問時，還可以用循環語句來加以閃避。比如：

甲：「小弟弟，你今年幾歲了！」

乙：「比去年大一歲。」

甲：「那你去年幾歲啊？」

（五）閃避答問，模糊應對

乙：「比今年小一歲。」

甲：「你家裡有幾口人？」

乙：「和家裡牙刷的數目一樣多。」

甲：「那你家裡牙刷有幾把呢？」

乙：「每人一把。」

甲：「小弟弟，你們學校在哪裡？」

乙：「在馬路北邊。」

甲：「是哪一條馬路啊？」

乙：「校門口南面的那一條。」

這個小孩對於對方的問題不屑於回答，於是用循環語句迴避了。甲句話靠乙句話作注，而乙句話卻又倒回來要甲句話解釋，令人摸不到答案的邊，巧妙的閃避了對方的問題。

閃避回答可以透過設定某種條件來達到閃避的目的。如：

從前有一個駐法國使館的官員，在宴會中與一位巴黎小姐跳舞，巴黎小姐突然發問道：「法國小姐和貴國小姐兩者當中，你更喜歡哪一國的？」

這話突如其來，實難作答。如果說喜歡自己國家的多一點，不免有失外交禮貌；若說喜歡法國小姐多一點，更為不妥。官員略思片刻，不慌不忙的答道：

「凡是喜歡我的小姐，我都喜歡她。」

這個官員透過設定條件，巧妙的回答了對方的難題。

（閃避答問，還可以將對方的問題推回給對方，要對方自

己作答，從而達到閃避的目的）。

幾年前，一些年輕美術家在美術館舉辦了一場人體油畫展。畫展期間，有位外國記者採訪一位年輕女畫家，先透過一些話使該畫家做出「女模特兒具有為藝術獻身的精神」之類的回答，接著話鋒一轉，將了一軍：「假如讓妳當人體模特兒，妳願意嗎？」

這確實不好回答。說「願意」吧，這在現今的社會環境中，這麼公開的表白，對於一個年輕女性並非易事，說「不願」吧，顯然是自己打自己的嘴巴。

於是，聰明的女畫家說：「這是我的私事，我沒有必要回答。」這樣便解脫了困境，且自然而有道理。

閃避答問隨人隨時隨地而不同，其主要作用在於防禦，迴避。

某次電視辯論的一場閃避回答。

這場比賽辯題是「大學畢業生選擇就業的首要標準在於發揮個人專長。」反方隊在自由辯論中就採用了模糊應對的辦法，避重就輕，巧妙的應付正方隊提出的問題。我們先來看一看這段辯詞：

正方：我首先提醒對方辯友，我方認為大學生選擇就業要發揮專長，只是一個首要標準，不是唯一標準，請不要在我們的頭上扣大帽子。第二，我想請問對方辯友，你們一再強調有些大學生要考慮收入高低，請問，如果不發揮專長，能

收入高嗎？請問，有些大學生考慮社會地位，若不發揮專長，社會地位能高嗎？有些要滿足社會需求，若不發揮專長，能滿足社會需求嗎？我想請問對方辯友，大學生作為一個群體，他們有沒有共性？

反方：所以我們要具體問題具體分析。對方同學立論的前提就不存在，大學生選擇就業又不是度量衡，為什麼要規定一個全國統一的首要標準呢？

正方：但是我們的大學教育是標準化、交流化、社會化，這種教育本身經過 4 年培養出來的學生不可能沒有共性。

反方：那我請問對方辯友，按你們的邏輯，大學生擇偶也應該有首要標準了嗎？

正方：當然了，大學生擇偶當然要有首要標準，女大學生擇偶的首要標準是找一個男性，男大學生擇偶的首要標準是要找一個女性。

反方：難怪呢！可是要按照對方同學的觀點，那麼報紙上那些徵婚廣告可就單調得多了。我再一次提醒對方同學。再美的宮殿建在流沙上也是要轟然倒塌的，因為沒有地基嘛！再次請對方同學首先論證你們觀點的前提，不要再猶猶豫豫了。

正方：如果對方辯友看了報紙，那應該注意到，每個徵才廣告的第一條，都說要有公司適用的專長？剛才對方一辯說，「海闊憑魚躍，天高任鳥飛」，但是，如果魚兒不會游泳，鳥兒不會飛翔，怎麼躍得起來又怎麼飛得起來呢？

反方：魚兒會游泳，鳥兒會飛翔，那是牠們的天性，怎麼是專長呢？那人會走路也是專長嗎？至於剛才對方同學說，女大學生要找個男的，這是基本條件，不是首要標準啊。

正方：對方三辯在發言中曾經提到，一個女大學生為了愛情放棄了自己的專業，那也就是說，如果我有一個女朋友是在美國的，我也放棄自己的專業到美國去，這是對國家的負責嗎？每一個人，雖然相貌各異，但不也都是有自己的鼻子和眼睛嗎？難道大學生作為一個受過共同高等教育的人，不應當有一個共同的標準嗎？

反方：對方辯友，還是趕緊從美國回到這裡來吧！我請問對方辯友，「皮之不存，毛將焉附」？你們立論的基礎：為什麼全體大學畢業生要有統一的選擇就業首要標準，請回答！

正方：因為大學生具有共性。經歷了 4 年教育的大學生，難道沒有共同的標準嗎？我想請問對方辯友，如果按照對方辯友的無標準論，那麼我們的辯題還有意義嗎？

反方：我們不是說沒有標準，我們是倡導個人發展和社會進步的統一。對於倡導來說，只能是在選擇就業的目標層面上倡導，但在選擇就業的具體標準層面上倡導，是不能強求一律的。

正方：按照對方辯友的邏輯就是說，我們要把人才交流中心改名為個人主義倡導中心啦，也就是說，你願意怎麼辦就怎麼辦吧。

反方：讓我們看看歷史上的名人吧。達爾文就是以興趣選

擇就業，如果按照對方同學的標準的話，達爾文就應該去做一個神父，恐怕我們現在還不知道人的祖先是從猴子變來的。

正方：但是莫里哀（Molière）曾說過這樣一句話：「人往往被自己所喜愛的事物所傷害。」我要請問對方辯友，如果不以發揮個人專長作為大學畢業生選擇就業的首要標準，那能對得起國家每年為一個大學生的投資嗎？那不但是人才的浪費，也是資金的浪費啊！到那時，李白的〈將進酒〉是不是要改成這樣的話了：「天生我才沒有用，千金散盡不復來。」

反方：我們認為，作為大學生，考慮到各自的具體情況，更好的人盡其才，才是對國家的更好負責！我想請問對方同學，某大學 68.2% 的畢業生在選擇就業時主要考慮的是自己的興趣，難道對方同學要對他們進行批評再教育嗎？

正方：我想提醒對方辯友，邱吉爾的興趣是織毛衣，但是，如果按照對方所提標準的話，他可能成為一個織毛衣匠，我們就要缺少一個偉大的政治家了？興趣這種不穩定的因素，又怎麼能成為標準呢？

反方：那好，我請問對方辯友，楊振寧博士說，成功的祕訣在於興趣，對方辯友對此作何理解呢？

正方：我想提醒對方辯友，楊振寧博士最開始是做實驗物理研究的，但是他走到哪裡，爆炸跟到哪裡，因為他沒有這方面的專長。後來他選擇了發揮個人專長做了理論物理研究，所以他才成就了一代偉人，摘取了諾貝爾物理獎，這又說明什麼

第五章　兩難設問，模糊應對

問題呢？

反方：對方辯友說得好，這正說明楊振寧博士的興趣，在於後者而不在於前者嘛！多數高中生他們填報的科系是聽了父母之命，老師之言，本身就有改變的可能，為什麼非要他們從一而終呢？

正方：大學生的能力哪裡來啊？大學生的能力是大學給的，是國家給的，那麼選擇就業，不應該為國家考慮嗎？我要請問對方辯友，我們大學培養大學生的目的到底是什麼呢？

反方：讓我們回到現實上來看看，看看教育和社會的結構性矛盾。貴校《人才預測》一書告訴我們，我們目前有 157 個科系脫離社會需求，超供應人數達到十多萬人，請問如果按照你們的標準的話，這十多萬人豈不是要「空悲切，白了少年頭」嗎？

正方：這正是需要我們改變的啊！正因為許多人專長不對口，才需要我們改變專業、適應需求，才需要我們大學生發揮專長呢！我想請問對方辯友，如果按照你們的邏輯，尋找職業就跟著感覺走，那我們好多的教育經費豈不都付之東流了嗎？

反方：不是跟著感覺走，是從實際出發。我請問對方辯友，你們口口聲聲說發揮專長，請問，社會不需要你發揮的時候，你怎麼發揮啊？是你適應社會，還是社會適應你？（掌聲）

正方：對方辯友還是一再的說個人個人，每個大學生有自己個人的因素，那不是跟著感覺走，又是什麼呢？那只能

96

是「一場遊戲一場夢」，最終只能是「無言的結局」啊！
（掌聲）

　　反方：到底是誰總在說個人專長啊！當社會需要你及時轉向時，你說要堅持一條道走到底，到底是誰損失大啊？

　　正方：對方向我們提出了一個社會需求和個人專長之間的關係，那麼，好。我回答你，當社會需求放到壓倒一切的位置時，我們當然以社會需求為首要標準，因為如大規模的戰爭，我們當然保家衛國，全民皆兵。但是我想請問對方辯友，社會需求和個人專長兩者之間究竟是什麼關係？當一個社會的社會需求和個人專長之間頻繁發生矛盾時，這個社會還正常嗎？

　　反方：對方同學已經同意以社會需求作為選擇就業的首要標準，其實已經站到了我方立場上，在此，我向對方同學表示感謝。

　　正方：對方辯友什麼時候說過自己的立場是社會需求呢？對方辯友一再口口聲聲的說，自己的首要標準是每個人的個人標準，愛從事什麼就從事什麼。

　　反方：對啊，你們那個符合社會需求，不就是一部分大學生可以選擇的首要標準嗎？

　　正方：我方剛才提到當社會需求壓倒一切的時候，我想提醒您注意，這個時候不是選擇就業。我們今天的辯題是大學畢業生選擇就業的首要標準。而且我想請問對方辯友，剛才我方二辯已經問你們了，我們大學培養學生的目標到底是什麼？

反方：我們從來沒有反對對方辯友自己把發揮特長作為自己選擇就業的首要標準，但是請問對方辯友，還有那麼多人，他們的專長與社會需求是脫節的。據《人才》雜誌表示，30%的大學畢業生，因科系與社會需求脫節，難以就業。按你們的邏輯，這30%的同學何去何從啊！

正方：請對方注意，科系並不完全等同於專長啊！專長可以在科系的基礎上培養起來。而且我要請問對方辯友，我們二辯提出的問題，你們始終沒有回答。大學培養人才的目的就是培養專門的人才。為什麼培養專門的人才呢？不就是更好適應社會發展的需求嗎？而且我請問對方辯友，有很多人才交流中心都懸掛這樣的口號：以能選擇就業，以能興業，如果不以發揮專長作為選擇就業的首要標準的話，為什麼還要「以能選擇就業」呢？

反方：大學生除了專長之外，還有素養。我請問對方同學一個最基本的問題，我們大學生就業制度改革的方向是什麼？

正方：專業對口，雙向選擇。我回答對方辯友。我想請問對方辯友，既然我們國家的分配政策是各盡所能，按勞分配。那麼什麼叫各盡所能呢？怎樣各盡所能？如果不以專長作為首要標準，何以各盡所能啊？

反方：對方辯友在這裡把能力和專長混為一談啦。你們說，我們的改革方向，其實你們說錯了，改革方向是讓大學生到人才市場上自主選擇就業。什麼叫人才市場，什麼叫自主選

（五）閃避答問，模糊應對

擇就業呀？

正方：好。人才市場，什麼是人才市場呢？有專長的人才能叫人才呀。

反方：噢，怪不得呢。原來按照對方同學的觀點，就要到人才市場的門口去站崗放話，說，如果你不發揮個人專長，請勿入內啊。

正方：難道對方辯友的意思就是認為我們發揮了個人專長，社會就不會為我們提供職業了嗎？那麼我想請問對方辯友，我們社會設置了那些職業是為了什麼嗎？

反方：人才難道僅僅是只有專長這一條路嗎？我們的大學生，除了專長以外，絕不是一無所有。我請問對方同學，按照你們的觀點的話，我們現在也不用弄雙向選擇了，按照科系，統分統配算了。

正方：我想請問對方辯友，當你們到人才市場向用人單位去推薦自己的時候，首先說的是，我有你們公司適合的專長，還是說我有良好的願望、很好的興趣呢？

反方：那好，我們來看看人才市場，如果按對方辯友的一味發揮自己專長的話，我們把成績單交上去算了，何必要面試口試，何必要雙向選擇呢？

正方：專長不是成績單，專長是一個人在專業的基礎上形成的優勢能力。對方辯友連專長的含義都不知道，怎麼能辯論呢！

第五章　兩難設問，模糊應對

反方：不知道的是對方辯友，專長就是專業所長嘛。對方辯友說大學教育是專門教育，錯了，大學教育是素養教育啊！

正方：對方辯友犯了一個常識性的錯誤。我們大學教育是培養應用性人才和基礎人才。什麼叫應用性人才，就是具有專門能力的人才。而且我想請問對方辯友，你們到了一些求職中心，你們對他們說，我想做什麼就做什麼，我既要收入高又要反映我的個人興趣愛好，我又要滿足社會需求。那麼這時，我想徐志摩那首〈再別康橋〉恐怕就要改成〈再別工作〉了：輕輕的我走了，正如我輕輕的來，我揮一揮衣袖，什麼都沒有帶走。（長時間熱烈掌聲）

反方：我們所提出的首要標準，並不是放任自流，我方二辯早就闡述過了。對方同學，我想請問你們的是「一招鮮，吃遍天」這張舊船票，又如何能夠登上大學生選擇就業的客船呢？

正方：但是請對方注意，我們今天討論的是選擇就業問題，也就是我們講到的是如何能更好的滿足社會的需求。作為一個大學畢業生，區別於一般年輕人的根本區別點就是，他有個人專長，只有這樣才能更好的滿足社會需求。

反方：對方同學，對方三辯多次強調要有務實精神，我請問對方同學，當個人專長與社會需求發生矛盾的時候，您將何去何從呢？

正方：我已經不只一次的強調過⋯⋯（鈴聲、打斷）

主席：正方時間已經到。

（五）閃避答問，模糊應對

反方：對方辯友無視我們大學首先科系設置與職業結構的矛盾，這裡我不禁想起這麼一句話：奇怪的是，有人為錯誤辯護用的力氣遠比捍衛正確時，要大得多呀！

反方：事實勝於雄辯，據報導，某大學 53.9％的同學選擇就業首先考慮收入豐厚，這難道就是你們倡導的結果嗎？

反方：對方同學認準專長一家，說非他不嫁，我們非常欽佩你們這種執著精神，可是我要向對方同學說的是，「天涯何處無芳草」呀。

反方：知識分子、大學生選擇一些收入豐厚的職業（鈴聲、打斷），因為知識分子不僅要生存，而且要發展啊！

主席：對不起，反方發言時間也到。（長時間掌聲）謝謝！

反方隊是採用模糊應對來擺脫對手的刁難。首先，當正方提出「大學生作為一個群體，他們有沒有共性」這一問題時，反方隊避而不答，並用了一句「我們要具體問題具體分析」為由巧妙應對過去。而正方繼續抓住這個問題不放，再次肯定陳述「經過四年大學教育培養出來的學生不可能沒有共性」。反方這時則是循著對手的邏輯，反問正方「大學生擇偶也應該有首要標準嗎？」這個戲謔的問題。這就把正方的凌厲攻勢化解了。

還有當正方問道「大學培養大學生的目的到底是什麼」時，反方乾脆置之不理，轉而依據正方隊《人才預測》一書所

101

提供的資料來說明教育和社會的結構性矛盾。這種模糊應對術為反方贏得了時間，在正方時間耗盡後，反方繼續發問達六次之多。

在論辯過程中，當對論敵的某引進問題，我們難以回答，或不願回答，或不屑於回答時，我們有必要採用一些巧妙的方法來加以迴避，這就是閃避答問。

閃避答問通常在以下情況下使用：

對於一些沒有充分準備或難以回答的問題採用閃避答問來迴避。比如，在國際華語大學辯論會關於「愛滋病是醫學問題，不是社會問題」的論辯中，有這麼一個回合：

正方四辯：我們已經說過，愛滋病從醫學來說可能是絕症。但以前很多絕症不是透過醫學的角度解決了嗎？

反方四辯：一個老太太被車撞倒了，請問這是救人的問題呢？還是撞人的問題？

正方二辯：那不是病啊！

反方二辯：但是她不也要去醫院嗎？那就是醫學問題了嗎？不，它是交通事故！

正方四辯：可是有成百上千的醫務工作人員在幫助這個老太太嗎？愛滋病的研究是需要成百上千的工作人員、醫務人員啊！

反方三辯：一個人得了病不是社會問題，千百萬人得了愛滋病，難道還不成為社會問題嗎？

正方四辯：千百萬人還曾得過感冒，千百萬人也曾得過心臟病，難道心臟病是社會問題嗎？

反方一辯：一個人打噴嚏不是社會問題，但我們全場人同時打噴嚏，還不是社會問題嗎？（掌聲）

在這一論辯回合中，正方連續提出了兩個很有威懾力的問題。其一，能治好的絕症算不算社會問題？其二，作為現代文明社會發病率與死亡率最高的心臟病算不算社會問題？這兩個問題是反方隊員賽前沒有研究透的問題，臨時難以做出恰當的答辯，於是反方便採用閃避答問術，用「老太太撞倒」和「全場人打噴嚏」等巧妙的迴避了對方的難題。

第五章　兩難設問，模糊應對

第六章　邏輯推理，歸納演繹

（一）詭辯與反詭辯鬥法

　　論辯法包括了很多辯論的方式。它原本是以強化弱的邏輯而出現的說服術。黑格爾以前的論辯法，盛行「使虛偽變成真理」的詭辯術。那一段時期，詭辯術可真是盛行不衰。譬如，古希臘哲學家、數學家、宗教家畢達哥拉斯，發明「畢氏定理」，對柏拉圖影響頗大，曾經如是說：「時間是每一個瞬間的連續和延長而已，基於這個道理，飛馳的箭，應該是靜止的。」

　　這種明知其非的詭辯學說，以那個時代的物理學，雖然知道這是詐欺奇詭的辯理，偏就找不出推翻此說的論據。因為，即使有人對這個詭論加以駁斥，勢必遭到詭辯家的另一套理論給摧毀的。那個理論就是：「假設飛箭是在飛馳，世界上就沒有一樣物體是靜止的。這個大地不也跟著地球不斷的旋轉嗎？所以說，如要研究事物的本質，從瞬間來說，大地也好，岩石也好，山嶺也好，跟飛箭一樣，必須是恆保靜止的。」

　　這種「似非而是」的理論，在現代生活中也隱然存在。一言以蔽之，它不是詭辯，還是物理學上的一種常識呢。連物理學最權威的理論相對論都證實了這個詭論的存在性。

　　對付上述詭論，一般人想到的駁詞可能是這樣的：「獨靜？」地球上的萬物，每天跟地球一起在旋轉，飛箭豈能唯我這句話必然恰中畢氏之懷，他會喊一聲「好極！」毫不遲疑的

答說：「如果飛箭朝著跟地球相反的旋轉方向，以同樣的旋轉速度而飛，飛箭不就等於靜止了嗎？」這麼一駁，你不是啞口無言，只有乾瞪眼的分了？

使用這一招的人，總是胸有成竹的準備了一套說詞，把對方搬出的正面說法，駁個體無完膚。算計得如此周全，雖然不至於摧垮對方，到底還得費一番工夫。對付這個異論，只有一個辦法，那就是反其道而行──以反對論對付反對論，也就是傳統的正面攻擊法。

你絕對不要仿效敵人的戰術，那麼做，你只有棄甲而逃，必敗無疑。

詭辯術的陷阱就是要仿效它的戰術，所以，只要自始至終，以正統的正面攻擊，直攻不歇，那就奏凱有期。

首先，你必須思考對方理論（邏輯）上的弱點，究竟在哪裡。當然，它可不是一想即通的。

不過，尋出對方理論上的要害，不至於太難，對方理論上的要害（要點），便是對方理論上的弱點。所以，尋其要害就成了首要之務。

以「飛箭是靜止的」這個理論來說，它的要害到底在哪裡？

「飛箭是靜止的」，支撐這個結論（唯一的支撐物）的，是「瞬間」這兩個字。此詞一除，對方的理論就無由產生。

「這個世界並沒有瞬間這個玩意。任你把時間細加割碎，

只能變成無限度的小，絕不可能有所謂『絕對的瞬間』。絕對的瞬間既無存在的可能，飛箭只能在那小到無限的時間內，移動於小到無限的距離之中。所以，飛箭絕不是靜止的。」

對這個理論，想必沒有任何反駁之詞存在的可能。

（二）難分難解的龜兔賽跑

有一種詭辯術，比「飛箭靜止」這個奇論更奇，而且有趣得多。

那就是芝諾（Zeno of Elea）所倡的「阿基里斯（Achilles）和烏龜的競跑」。

這個詭論是說：「假設阿基里斯比烏龜即使只慢一公分才追趕牠，就算他的速度倍於烏龜，阿基里斯還是永遠趕不過烏龜。」

他的理論根據是這樣的：當阿基里斯跑了一公分，趕上烏龜，看似趕上，實則並沒趕上。

因為，這時候，烏龜已經趕在阿基里斯之前二分之一公分。當阿基里斯又跑了二分之一公分。趕上烏龜，烏龜早已趕在阿基里斯之前四分之一公分。當阿基里斯又前進四分之一公分，看似趕上，其實還是沒趕上，因為烏龜在這時候又趕在阿基里斯之前八分之一公分。

如此這般，阿基里斯跟烏龜的距離，越來越縮短，但是，只能小到無限的縮短，到頭來阿基里斯還是無法趕過烏龜。這個理論，曾經在數學、幾何上驗證無誤，所以，想反駁這個詭論，委實不那麼容易。

（三）歸納與演繹說服術

詭辯就是以非為是，以是為非，存心搬弄口舌的方法，如果稍一不慎，您就掉入其中而爬不出來。與此相比，歸納法在科學上發揮過無比的威力，具有效果強大的說服力，值得研究其理，運用到日常生活和議論、辯論上。

若把歸納法運用到說服意中人，到底有多少勝算？下面是運用歸納法說服對方的一個例子。

「阿蘭小姐，聽說，很多男孩子都喜歡妳。我就記得 A 先生說過。

還有，B 先生也透露過喜歡妳的意思。

說到我，當然也不例外。因為，妳確實具備了迷住大家的魅力，妳具備的魅力是什麼，他們一時也說不上來。

至於我，倒清清楚楚知道妳的魅力在哪裡。

妳謙虛，恭謹的女人味，便是人人愛妳的最大原因。可能的話，我真希望有那種福氣，跟妳結婚。」

這就是歸納法說服術的一招。它的特徵是：

1. 先舉出眾多例證。
2. 把例證上的各種共同點，全都集中在自己身上。
3. 藉此強調自己比別人優越得多。

說句極端的話，這是占「漁翁之利」，只求有益於自己的說服方式。事實證明，這一套話術相當管用。採用歸納法，為什麼效果必彰？因為，你的真實，透過你列舉的客觀性例證深深的烙印在她腦中了。

如果您不隨人云云，卻搬出客觀性這一招方法，來個婉轉柔和的側攻，就不難產生間接說服的效果。

說服術中的另一種，便是跟歸納法反道而行的「演繹法」，這一招也蠻管用，也很有意思。如果運用演繹法來說服意中人，該怎麼說？

下面是一個例子：

「阿蘭小姐，妳那謙虛、恭謹的個性，充滿了女人的魅力，一定會受到所有的男人喜愛的。

「事實上，大家都喜愛妳，這是人人公認的事。

「我記得 A 先生也透露過喜歡妳的意思……

「人人都喜歡你，我當然也不例外。

「也許，我在某些方面有很多不如人的地方，但是，真誠想妳，愛妳，我可自認絕不輸給任何人。」

對歸納法而言，這是從「抽象的原理斷定具體事實」的演

繹手法。

也可以說是由普通原理斷定「特殊事實」的方法。更簡單的，就是從某種共同點，舉出眾多實例，最後把它集中於自己身上，將銳不可擋的說服力，投向對方的一招。

常常活用演繹法，就可以練就「聞一知十」的明敏、精巧的頭腦機能，在論辯上發揮出無比神威。

（四）法官巧治詭辯家

古希臘有個著名的詭辯家，叫歐布利德斯（Eubulides），他自以為能說會道，處處想占上風，但一次他卻碰上了一個更會說話的法官，結果連連吃癟。

在街上，歐布利德斯見到了一位鄰居，他問：「你沒有失掉的東西，它還在嗎？」鄰居點了點頭，表示肯定。歐布利德斯立即說：「你沒有失掉頭上的角，那你頭上就有角了。」只有牲畜的頭上才長角，這是誰都知道的。鄰居覺得受了侮辱，就跟他吵到了法官那裡。

法官聽了歐布利德斯的混帳邏輯，對他說：「歐布利德斯，你在這個城裡沒有失掉坐牢的機會，請你享受三天吧！」於是把歐布利德斯關入了監獄讓他做事。

歐布利德斯不甘心失敗，做事時故意搗蛋。這天下午，烏雲四起，眼看要下大雨。法官命令歐布利德斯到穀場上把穀堆

收進倉庫。歐布利德斯拖拖拉拉，結果瓢潑大雨把穀子全淋溼了。法官厲聲責問歐布利德斯，他卻油腔滑調的說：

「一粒穀子該不是穀堆吧？況且一粒穀子也成不了穀堆。既然每一粒穀子都不是穀堆，因此，穀堆根本不存在。你要我運穀堆，我怎麼運呢？」

法官不願跟他強辯，便另等機會。到歐布利德斯結束了牢獄生活，去領取服役的工錢時，法官嘻嘻一笑，說道：

「一個錢幣該不是你的工錢吧？況且一個錢幣也不夠支付你的工錢。既然每一個錢幣都不是你的全部工錢，因此你的工錢根本就不存在，叫我怎麼發給你呢？」

歐布利德斯無言相對，他的工錢被用來抵償穀堆的損失。

歐布利德斯出獄後，很覺惱火，於是他找那位鄰居借了一筆錢，說是一個月以後歸還。但一個月後，他卻故作驚訝的說：「我沒向你借錢呀！」

鄰居提醒他是上月某日。

歐布利德斯又開始搖頭晃腦的詭辯起來：

「對，上月的確向您借了錢。但是您知道，世上任何事是隨時隨地在變的，今天河裡的水還是上個月流著的水嗎？看著還是那條河，但水已不是上月的水了。今天的我呢，也不是上月向您借錢的我了，您怎麼能叫今天的我為過去的我還錢呢？」

（四）法官巧治詭辯家

鄰居這下真氣壞了，又辯不過他，於是就抄了根木棒把歐布利德斯狠狠揍了一頓。歐布利德斯吃了虧，於是上告鄰居。法官聽完了他們的申述之後，宣布鄰居無罪。他說：

「歐布利德斯先生不是說世上的事隨時在變嗎？現在的你已不是上個月的你了。既然這樣，現在的這個鄰居也不是打你時的那個鄰居了。你還是去找回那個打你的鄰居吧。如果找著，我一定判他傷害罪。」

歐布利德斯只好自認倒楣，怏怏的走了。

第六章　邏輯推理，歸納演繹

第七章　因勢利導，以謀取勝

（一）針鋒相對，揭其要害

　　在辯論中要善於抓住對方的要害之處，針鋒相對的進行反駁。一是反駁其錯誤論點，用事實分析，直接證明對方論點的虛假和荒謬。二是反駁其論據，直截了當的揭穿其論據的虛偽性，論點的不正確也就隨之暴露出來了。三是反駁論證，透過揭露對方論點和論據之間的邏輯關係錯誤，最終推翻其論點。如，有這樣一個例子：

　　一位記者，向官員提問：聽說某地慶祝建城 40 週年，燃放煙火就達 100 萬元。請問官員，你覺得像這樣花 100 萬元燃放煙火合適嗎？

　　官員答道：40 年來，當地建城後有很大的進步，人民生活得到很大的改善，這是歷史上任何時代都無法比擬的。人民對歷史上的重要節日進行慶祝是很自然的。1976 年美國慶祝獨立 200 年，我曾在美國目睹美國人民的慶祝場面。他們花了多少錢，你可以去問問美國政府。1989 年巴黎慶祝法國大革命 200 週年，我在歐洲看了電視實況轉播。你也可以去問問法國政府，他們花了多少錢。按照你剛才的邏輯，你是不是認為美、法兩國政府應該把這筆錢省下來給那些在嚴寒中露宿街頭的無家可歸的流浪漢？

官員首先提出建城 40 年的重大意義，說明「人民對歷史上重大節日進行慶祝是很自然的」。然後又列舉了美、法兩國慶祝節日的事實，用辯證法進行類比，並把記者帶有偏見的錯誤邏輯進行推理，用顯然是荒謬的結論去反襯他提問的荒謬，擊中要害，從而維護了立場，消除了提問者欲造成的不良影響。

（二）反嘲斥謬，以柔克剛

這一辯論方法就是抓住對方嘲諷的話頭，反過來用嘲諷的方法予以反擊，使對方處於被嘲弄的尷尬境地。例如《演講與口才》中有這樣一個例子：

在一次外貿談判中，東方代表拒絕了一位紅頭髮的西方商人的無理要求，這傢伙惱羞成怒，竟然出口傷人：「代表先生，我看你皮膚發黃，大概是營養不良造成你思維紊亂吧？」東方代表立即反擊道：「經理先生，我既不會因為你皮膚是白色的，就說你嚴重失血，造成你思維紊亂；也不會因為你頭髮是紅色的，就說你吸乾了他人的血，造成你頭腦發昏。」

東方代表就是用反嘲斥謬法回擊了西方商人的嘲諷，駁斥了對方的強辯，維護了自身的尊嚴。

（三）兩難推理，左右圍攻

兩難推理的方法，就是讓對方騎上虎背、進退維谷的戰術。即針對要反駁對方的某一個論題，進行邏輯推理，得出兩種可能的選擇，使對方不論肯定或否定其中哪一種可能，結果都將陷入進退兩難的困境。如大家都熟悉的寓言故事〈自相矛盾〉就是典型的例子。在日常生活中也常常遇到：

甲：莊子說得對，辯論分不出勝負的。

乙：辯論可以分出勝負。

甲：誰來評判勝負呢？你評判我不同意，我評判你不同意，那麼讓第三者來評判嗎？怎麼知道他的評判是對是錯呢？可見他的評判還需要別人評判。這樣一來，實質上是找不到最終的評判標準的。所以，辯論是分不出勝負的。

乙：我看辯論可以分出勝負。

甲：你只講空話，說不出道，可見已經理屈辭窮了，還是服輸吧！

乙：你不是說辯論分不出勝負嗎？怎麼又說我們倆的辯論是你勝我負了呢？

這例中乙用矛盾連結，將甲推到自相矛盾的境地。這種方法雖然簡單，但是對使用者的辯察能力要求是較高的，否則就不能敏感的發現矛盾點。

（四）攻擊弱點，置其被動

在辯論中，辯論者要善於抓住對方的薄弱環節，給予針對性的攻擊，使對方陷入極其被動的地位，如：

1984 年，雷根為競選連任總統與對手孟岱爾（Mondale）展開了電視辯論。此時的雷根是美國歷史上年紀最大的總統競選人，在辯論中孟岱爾對雷根的年齡大加攻擊。他說：「雷根總統，您的年齡已到了該退休的時候了。」對此，雷根笑著說道：「孟岱爾說我年齡過大，我卻不會利用對方年齡太輕、經驗不足作為把柄來攻擊他。」雷根的巧妙回答使選民在笑聲中接納了他。

（五）順勢行事，因利乘便

在辯論過程中，當發現論敵的意圖後，因勢順從，引誘其孤軍深入，然後再借敵之勢，順勢反駁，即「請君入甕」。

（六）取喻明理，寓理於喻

在辯論中，把道理寓於比喻中，運用比喻手法說明道理，既可言簡意賅的闡述道理，又能理趣渾然，風采奪目。如《名人的幽默與妙答》中有這樣一個事例：

春秋時代的墨子不但是大學問家，也是一位辯才，說話很富哲理。

一日他的學生子禽問他：「老師，是多說話好，還是少說話好？」

墨子沉思了一下說：「你看，池塘裡的青蛙，不分晝夜的呱呱叫，聲音又高又亮，可從來沒有人注意牠們。而雞棚裡的公雞，平時輕易不叫，只在每天天亮時才叫幾聲。人們聽到牠的叫聲，就知道天亮了，於是起床做事。這說明人們很注意雞的鳴叫聲。」

子禽會意的點點頭。

（七）先發制人，步步為營

這一策略就是從辯論一開始便發起攻勢，使自己處於主動地位，在給對方威懾性的攻擊之後，一步一步的引誘對方圍繞自己的話題展開辯論，在辯論中以充分的事實駁斥對方，使對方陷入艱難境地。先發制人的情況主要有三種。一種是在對方「先發」而未發時，你搶在前面，從而使對方措手不及，亂了陣腳，失去心理平衡，從而敗北。第二種情況是事先做了充分準備，在對方意料不到的情況下，拿著確鑿的證據，向對方發起進攻，直搗要害，使對方沒有喘息的餘地，只能接受你的觀點。第三種情況是預測敵論，先行批駁，即預先將對方可能提

出的觀點進行駁斥，這樣既可使旁聽者形成先入為主的印象，又可把對方置於被動。當然，先發制人不是即興發言，一定要知己知彼，有充分的準備方能百發百中。另外，辯論的語言必須句句在理，運用的事實須經反覆核對，確鑿無誤，否則可為對方「後發制人」提供依據而使自己陷入被動。再次，要把握時機，切不可貽誤。「猛虎一旦猶豫而失去進攻良機，還不如小小蜜蜂果敢的一刺。」就是說的這個道理。

（八）誘問反問，不攻自破

為肯定自己的觀點，誘導性的提問，讓對方緊緊圍繞自己的論題思考，再以反問的形式肯定自己的觀點，迫使對方不得不接受。如：一次，俄國文藝批評家赫爾岑（Herzen）應邀去參加一個宴會。宴會上不斷演奏一些震耳欲聾的所謂流行音樂。赫爾岑實在忍受不住，最後不得不捂住了耳朵。主人看後驚訝的說：「這可是最流行的音樂呀！」赫爾岑反問道：「流行的就一定是高尚的嗎？」主人也不甘示弱，反駁道：「不高尚的東西怎麼會流行呢？」赫爾岑笑了，說道：「那麼，流行感冒也是高尚的嗎？」主人無話以對。

在具體進行辯論的時候，不同的對象涉及的範圍和採用的方法，往往是各種辯論特點兼而有之，應視實際情況隨機應變，臨場發揮，才能戰勝論敵，獲取辯論的勝利。

121

（九）由彼及此，步步緊逼

由彼及此法是由遠而近，步步緊逼，直到對方投降認輸為止，例如：

某市長收到檢舉資料，得知某百貨經理有違法亂紀行為，為挽救這位經理，使其懸崖勒馬，改邪歸正，便去找他談話。談話中，這位經理多方辯解，和市長爭論起來。於是，市長改變方法，冷靜的問道：「假若你家裡養了一隻狗，只會偷吃睡懶覺，從不顧家守屋，有時還打爛碗盆，你怎麼辦？」經理回答：「把牠趕出家門。」市長說：「假如你賣場有個售貨人員工作懶惰，態度惡劣，胡亂漲價，有時還將商品偷回家去，你怎麼辦？」經理說：「開除他！」市長說：「假如他的經理知情不報，且與之暗中勾結，投機操作買賣，中飽私囊，你說該怎麼辦？」經理：「這……」

由彼及此法，往往是欲此先彼，欲實先虛，欲近先遠，步步緊逼，最終使對方無路可逃，只好束手就擒。

（十）婉曲作答，避其鋒芒

婉曲作答法是對對方所提問題不直接回答的一種辯論方法。據說，有人問美國一位天文學家：「地球有多大年齡，你能說清楚嗎？」天文學家回答：「這也不難。請你想像一下，

有一座巍峨的高山，比如說高加索的厄爾布魯士山吧。再設想有幾隻小麻雀，牠們無憂無慮的跳來跳去，啄著這座山。那麼這幾隻麻雀把山啄完大約需要多少時間，地球就存在了多少時間。」天文學家這種委婉曲折的回答，不僅把一個容易引起爭議的難題化解了，而且使人意識到地球存在的歲月異常悠久。

婉曲作答法，往往要避開鋒芒、擺脫困境，使對方由主動變為被動，比直接作答更形象、生動、有力，往往使對方無可辯駁。

（十一）誘導明理，有的放矢

誘導明理法是針對對方的錯誤觀點，步步引誘造成對方言論前後矛盾而使其明理的一種辯論方法，例如：

一個年輕村民，帶妻子去人工流產。妻子不願意，別人勸說也不聽，他直接去找醫生。

村民：請替我妻子做人工流產。她雖然是頭胎，但是個女胎，所以我要她來做流產。

醫生：你為什麼不要女胎？

村民：一對夫婦只能生一個孩子，女孩子長大了總歸是別人的。

醫生：我有個八歲的男孩子，等他滿了十二歲，我就送他到五臺山當和尚。

村民：這麼好的兒子，為什麼去出家？

醫生：因為他不能傳宗接代呀！

村民：這孩子有生理缺陷嗎？

醫生：那倒沒有。

村民：那他怎麼不能傳宗接代？

醫生：因為他長大了找不到對象。

村民：這麼乖的男孩子，怎麼會找不到對象？

醫生：到那時，社會上只有男人沒有女人了！

村民：哪會有這種事？

醫生：女孩子長大了要出嫁，所以都被當爸爸的強迫流產了。

村民：啊！我們……

誘導明理法先不說對方的觀點是錯誤的，而是有意誘導對方步步前進，最後使其感到「此路不通」。此法寓教育於辯論之中，讓對方易於接受。

（十二）以牙還牙，理直氣壯

以牙還牙法，就是在辯論中，不去正面否定對方論點的荒謬，而是用相同事例還給對方一個荒謬，用以駁倒對方的一種方法。

據說，某個大旱之年，一能說會道的老農到縣衙呈報災情，請求減徵賦稅。縣令問道：「今年麥子收了幾成？」老農答道：「三成。」「有七成的年景，竟敢謊報災情，真是膽大包天！」老農想了一下說：「我活了150歲，還未見過這麼嚴重的災情呵！」縣令驚問道：「你有150歲嗎？」老農不慌不忙的說：「我70歲，大兒43歲，小兒37，合起來是150歲嗎？」縣令大聲吼道：「哪有你這樣算年齡的！」老農反問道：「哪有你那樣算年成的！」縣令無言了。

以牙還牙法在辯論中足顯力度，常常會置強詞奪理者於「死地」。它是「以其人之道，還治其人之身」，讓對手搬起石頭砸自己的腳。

（十三）歸謬制人，出其不意

歸謬制人法，就是先假定對方的命題為真，然後以此為前提進行推論，將它推向極端，推出明顯的荒謬結論使其難堪的一種方法。

古時候有個富翁死了，其妻與管家商量，要用活奴給他陪葬。富翁之弟是個有識之士，反對這樣做。他嫂子堅持道：「你哥哥死了，在地府無人侍奉，我們決定用活奴陪葬，誰阻攔都不行。」其弟便改口道：「還是嫂子和管家考慮周全，用心良苦，可見嫂子與兄長夫妻情深，管家對主人忠心不二。不

過，既然要用活人陪葬，讓別人去服侍兄長，我們不放心，倒不如嫂子和管家去陪葬，兄長定會非常滿意的。」其嫂和管家哪願意去死，只好把活人陪葬一事作罷。

　　歸謬制人法的運用，要注意相同性質的謬論的可比性，若將兩件不相干的事扯在一起，便收不到以謬制人的效果。

（十四）比喻巧辯，貼切巧妙

　　比喻巧辯法，是用生動形象的比喻，來巧妙施辯的一種方法，例如：

　　有位小姐愛好文學創作，寫了一本很厚的小說寄給一位編輯，可是書稿很快就被退了回來。小姐異常氣憤，向這位編輯打電話質問：「編輯先生，你怎麼沒把我的書稿看完就把它槍斃了？為了考察你是否真的看過，在寄出前我把 105 頁和 106 頁黏在一起，當我查看退稿時，這兩頁仍然原封未動，你作何解釋？」編輯回答道：「小姐，比方我吃一瓶水果罐頭，嘗了一口發現是壞的，難道我非得把它全部吃完才下結論嗎？」

　　辯論中，遇到棘手的質問或難於正面回答的提問，就可用比喻巧辯法。使用此法須注意比喻的貼切性、易懂性、巧妙性，以及表意的明確性，才能使對方無話可說。

（十五）機智折服，不卑不亢

　　機智折服法，就是面對難於爭辯的問題隨機應變，運用智慧，化被動為主動，向對方發難使其折服的一種方法。如：

　　書載，晉朝有個叫許允的書生，洞房花燭夜見新娘相貌平平，大為不悅。新娘問他何故？許允沒好氣的說：「妳知道好妻子是什麼樣的嗎？」新娘不卑不亢的說：「孝順老人，尊敬夫君，說話和氣，做事俐落，而且模樣也不錯。前幾項我都能做到，只是模樣是老天生成，我就無法了。」許允聽後仍然不高興。新娘轉問道：「相公，你是讀書人。我問你，一個人應具有的好品德你有多少呢？」許允答：「我都具備。」新娘道：「好品德的第一條，就是看人要重德，你卻只是以貌取人。既然第一條就不符要求，怎麼能說都具備呢？」許允被新娘的口才折服了，終於改變了對妻子的態度。

　　機智折服法，在辯論中運用時，要靠知識和頭腦，才能機智的由答變問，折服對手。

（十六）風趣幽默，駁倒對手

　　風趣幽默法，是針對對手提出的不便正面辯駁的問題，用風趣幽默的回答來擺脫尷尬局面，以駁倒對手的一種方法。

　　辯論中，使用風趣幽默法要看對手，注意分寸，寓答案於風趣幽默的話語中，以達到駁倒對手的目的。

（十七）類比反駁，形象直接

類比反駁就是辯論的一方不直接駁斥對方的論題，而是尋找一個與該論題有關的事例，透過對兩者的比較，推導出對方論題的荒謬。這種反駁形象直觀，避免了抽象說理的枯燥，使辯論更有力有趣。

（十八）避實擊虛，立竿見影

避實擊虛是一種實用性很強的辯論技法。當你已經掌握了論敵的部分情況，想透過攻擊對方弱點再進一步擴大戰果時，運用此法可使對方一觸即潰。這種方法常用於對抗性較強的法庭辯論或審訊罪犯。

刑警初審罪犯，是一場心理戰，特別是在尚未完全掌握證據的情況下進行突審，既是一種爭鬥，也是一種辯論。如果急於求成，直來直去，往往很難見效；而採用避實擊虛之法，卻容易敲開罪犯嘴巴，促使其交代事實真相。

某市刑警隊長奉命偵破一起殺人案，經過周密的調查，認定此案是兩人所為，接著在某郊區抓獲了一名有重大嫌疑的嫌犯。另一人是誰？他不肯交代。審問開始了。

警：「你知道我們是做什麼的嗎？」

犯：「是警察啊！」

（十八）避實擊虛，立竿見影

警：「知道我們是從哪裡來的嗎？」

犯：「那我怎麼知道？」

警：「我告訴你吧，我們是從某某市某某路口來的，某某路口你去過了吧？」

犯：「我沒去過。」

警：「那就不對了，我們查了那裡一家旅館，你前幾天在那裡住過。」

犯：「住過又怎樣？」

警：「住過倒不怎樣。只是那裡前天發生了一起命案，你不會不知道吧？」

犯：「我不知道，也與我無關。」

警：「與你的關係可大啦！」

犯：「什麼！」

警：「我們從現場找到了血衣，你家裡人看過，認出是你穿走的。你想不想看一看？」

犯：「不不，不看了。」

警：「看來你是個爽快人。既然這樣，你大概該說出什麼了吧？」

犯：「那個司機被殺我是在場，你們總不能就說是我殺的！」

警：「那汽車上有你的指紋，你推得了嗎？」

犯：「反正不是我親手殺的。」

警：「我們知道不是你一個做的，不說出同夥只好由你一個人頂罪了。」

犯：「我說……是他下的手，我只幫了忙。」

警：「那人是誰？」

犯：「是我表哥。」

刑警隊長就是這樣真真假假，虛虛實實，旁敲側擊，話中有話使罪犯的防線徹底崩潰了，不得不如實交代了這起命案的經過。

（十九）反詰進攻，出其不意

反詰進攻，是辯論的基本語言技巧之一，它是修辭學上的反問在辯論中的運用。所謂反詰，就是從反面提出問題，用否定的疑問句來表示肯定的語氣，或者是用肯定的疑問句來表示肯定的語氣。反詰進攻，往往能比正面提問更有力量，更能表達愛憎之情，更具有強烈的批判和諷刺作用。很多時候，還可以用反詰轉守為攻，造成心理上的優勢和咄咄逼人的氣勢，置對方於被動的地位。

在一場大學學生辯論會上，就「儒家思想可以抵禦西方歪風」的問題進行了激烈的辯論。反方的一位同學講得十分精彩，他說：

「儒家思想可以抵禦西方歪風嗎？不能。它沒有這種功

能。如果對方同學不願意正視今天嚴重的社會現實，那麼，我們可以稍微縱觀一下歷史。按照對方同學的論點，孔子是儒家思想創立者。但那個時代怎麼樣呢？第一，在孔子的時代也有歪風，所謂歪風代代都有，只是表現不同。那個時候孔子做司寇，就是司法部長。當時，齊國送來了一對舞女，魯國的季桓子馬上三日不朝。面對著這種重欲主義的歪風，孔子抵禦了沒有呢？沒有。第二，我們還可以看看，儒學數千年的流變過程中有沒有抵禦歪風呢？沒有。董仲舒的『天人相應』變成了迷信，宋明理學的『滅人欲』是何其殘忍；至於八股舉仕更是扼殺了多少俊材啊！這些糟粕都已被從戴東原到胡適、從魯迅到殷海光的諸位大師們否定過，難道能憑這一些儒學來抵禦現代的西方歪風嗎？顯然不能。關於新儒學在當代的地位問題，對方同學是不是想得太理想了。不知對方同學可知道臺大歷史系的黃俊傑教授有過一個著名的論斷：儒學在當今的東亞社會還是一隻命運未卜的鳳凰，它要涅槃，首先就要完成它對自己的約束的解脫，也就是它如果不擺脫自身舊有的道德觀，它就無法在現代社會立足。請問，我們能要一個自己沒有涅槃的思想去普渡西方的芸芸眾生嗎？謝謝！」（熱烈掌聲）。

　　上面的發言之所以在聽眾中產生了強烈的迴響，是因為他的辯論語言確實精彩。他除了運用舉證說明、說理分析等一些方法外，就是運用了反詰進攻法。反詰進攻的具體表現形式很多，下面從不同角度介紹幾種。

➤ **肯定式反詰**：就是以反問的形式，肯定或強調自己的觀點。一場辯論會決賽時，正方發言中有這樣一段話：「如果發展旅遊業是弊多於利的話，那麼，為什麼許多國家和地區，包括參加這次辯論比賽的各國都在發展旅遊業呢？難道這些國家和地區那麼多領導者都是愚不可及的嗎？」這段話就是以反問的方式，肯定了正方「發展旅遊業利大於弊」的觀點。

➤ **否定式反詰**：就是用反問的形式，否定對方的觀點。

（二十）以逸待勞，捕捉漏洞

辯論是一項集知識水準、理論功底、邏輯能力、語言技巧於一身的「高雅的遊戲」。辯論時，雙方你來我往，唇槍舌劍，時而侃侃而談，如行雲流水；時而一語中的，似霹靂驚雷。憑藉著高超的辯論技巧、豐富的知識累積、深厚的理論功底、嚴密的邏輯思維不斷製造一個又一個高潮。當然，在這種氣氛熱烈的場合，情緒激動，神經高度緊張，也難免會犯一些錯誤，有一些紕漏。「言多必失」，再優秀的辯手，即使是占盡了優勢，也會有漏洞。比如說：某次主題為「現代化建設中，東方文化作用大於西方文化」的辯論中，反方接連舉了兩個例子，都是極不恰當的：「東方文化是碗，西方文化是飯，請問是碗重要，還是飯重要？」、「東方文化好比書中的

（二十）以逸待勞，捕捉漏洞

文字，而西方文明則是精神，文字和精神哪個重要？」這兩個例子看似銳不可擋，實則漏洞百出。反擊的方法有很多，例如「難道我的碗裡非要盛你的飯不可嗎？就不能夠盛上我自己種的糧食嗎？」、「沒有文字，你的精神哪裡才看得見呢？」如此等等。

在辯論中，一方面要守住陣地，穩紮穩打，不能貪圖一時之利，口不擇言；或心存僥倖，妄圖矇混過關，以致為對手製造可乘之機。另一方面，對手的失誤是送給我們最好的禮物，必須沉著冷靜，仔細聽清楚對手的每一句話，一有機會，立即抓住，迅速發動反擊，必要的時候應該死纏不休，令其無法招架，從對手的細微失誤入手，窮追猛打，不斷擴展戰果，使對手「千里之堤」潰於失誤這小小的蟻穴。下面我們向大家介紹幾種捕捉對手漏洞，爾後大舉反攻的技巧。這一類技巧有一點像兵法所云「以逸待勞」的戰術。所以我們把它們命名為「以逸待勞 —— 捕捉漏洞法。」

放大法

放大法是引申歸謬法的發揮。不同之處在於不僅歸謬，而且按照荒謬的邏輯，推而廣之。對論敵隱蔽的荒謬點，擴大其範圍，加深其程序，強調其性質，使其荒唐之處暴露無遺。

也就是利用反對派論點中隱含的前提，加以擴大，推出明顯荒唐的結論，卻又符合對方的邏輯，使對方的論點不攻自破。

第七章　因勢利導，以謀取勝

反說法

　　過去幾年，常有人假借「贊助」之名，向一些剛剛獲利的工廠或者一點一滴千辛萬苦富起來的人找麻煩，而且還振振有詞，美其名曰：為社會盡義務。在表面看來，這些人的說法是蠻有些道理的，但其中隱含著不公平，大有「強行索討」的意思。以此為理由向工廠或個人大肆伸手，實在不能說是真的為社會盡義務，恰恰相反，而是對社會、對大眾的極度不負責任。對這樣的行為就應該據理駁斥。可以參照下面這種方法：

> ➢ 如果說滿足你們不斷伸出來要錢的手就是我們對社會盡義務，那麼請問你們的義務又是些什麼呢？難道就是不斷伸手要錢嗎？

> ➢ 萬一有一天我們盡義務盡得虧了本，一無所有的時候，你們這些只知要錢，要我們盡義務的人是不是也向我們盡一下義務呢？

　　以上兩種回答都遵循了一個相同的原則，從「贊助者」的觀點展開，反過來把矛頭指向他們自己，進行「反說」，「以其人之道還治其人之身」。

無中生有法

　　這種方法整體說來，主要是利用對方的觀點，使其向著條件外的絕對方向發展，將問題絕對化，或者故意曲解對方言論

中的某些概念，人為的製造出明顯錯誤的道理或者根本不可能存在的事例來，達到駁倒對方的目的。

這種技巧往往是在對方的觀點正確或基本正確，從正面反駁可能性不大時，有意首先承認其觀點，然後舉出一項反例來「證明」之，這個「反例」就是其觀點絕對化了以後的產物，透過一個絕對化的錯誤，證明其觀點的「錯誤性」。比如某次主題為「重獎奧運冠軍是合理的」辯論賽，正方在辯論過程中提出了如下論述：

「體育作為人類一項廣泛發展的活動，必須與一定的經濟基礎相連結⋯⋯」

這個推論實際上應該說是成立的。但如果肯定這個推論，「重獎奧運冠軍」這種精神與物質結合的做法也就有了理論基礎。反方是無論如何都不能同意的。所以，反方就從這個推論出發，有意加以「歪曲」，得出一個出人意料的結論，從而引起了觀眾熱烈的反應，打亂了正方的策略。他們是這樣反駁的：

「那麼是不是應該把奧林匹克旗幟上那五個象徵著五大洲的圓環中間都加上五個方孔才能淋漓盡致的表達正方的觀點呢？」

這句反駁其實是無中生有，是對正方所要論證的觀點的有意扭曲，但是，由於應用得法，簡潔有力而又幽默詼諧，同樣達到了預期的效果。

第七章　因勢利導，以謀取勝

引向未來法

在現實和歷史無法置辯時，可以將思緒引向未來，以發展的觀點立論，給予針鋒相對的反駁。這種反駁是建立在科學預見的基礎之上的，預見是新的思想和觀念的產物。預見時在思維中出現了由因果關聯構成的事物發展環鏈的模式，同時還從人們過去在因果關聯中反覆出現的現象，找到了它的規律性。可以利用一環又一環的模式化的環鏈，預測出最後一環出現的論斷，反擊論敵。

實驗物理大師法拉第（Faraday）有一次在大庭廣眾中進行電磁學的實驗表演。實驗剛結束，忽然有人站起來高聲責問法拉第：「這有什麼用呢？」

法拉第不假思索的回答：「請問，新生的嬰兒有什麼用呢？」

在這裡，法拉第把科學比作初生的嬰兒，藉此說明，科學正像嬰兒必然要成長為前程無量的成年人一樣將發揮強大的歷史作用，所使用的就是引向未來法。

緊追法

這是一種對付辯論對手紕漏的非常常見的方法。當辯手的紕漏被我方發現，應該反擊，一路窮追猛打下去，一方面把沒有能引起觀眾廣泛注意的漏洞明顯化，使人們都注意到對手的

（二十）以逸待勞，捕捉漏洞

錯誤；另一方面使其在既不能承認其錯誤，又無法迴避事實的情況下陷入進退兩難的地步。這種方法的技巧並不是很複雜，問題主要在於要對對手的差錯有絕對的把握，確信不會是有心設計的騙局，然後充滿自信的拿出氣勢來，利用已經占到的先機，直搗黃龍。

　　某一次辯論賽上兩隊爭奪冠軍，辯題為「人類和平共處是一個可能實現的理想」。反方隊在論證其觀點時出具了一個數字：「全世界每一天要發生 12 場戰爭。」這個數字顯然是不準確的。正方隊立刻抓住漏洞，不但當即予以指出，在之後的辯論中也反覆提及反方隊這個不準確的資料，緊逼不捨，造成了反方隊的被動。

　　在某大學辯論賽中，兩個科系就「倉廩實而知禮節」展開辯論。正方隊在論證物質與文化的關係時，提出：「在德國這樣經濟發達的國家，產生了巴哈（Bach）、貝多芬（Beethoven）、孟德爾頌（Mendelssohn）等偉大的音樂家……」

　　反方隊立刻抓住正方論據中出現的「貝多芬」的名字，發起反擊：「正方錯了，貝多芬恰恰是在貧困交迫的情況下寫出〈命運交響曲〉這樣輝煌的作品的！」

　　正方錯上加錯：「那他也必須在吃飽飯的情況下才能進行創作呀！」

　　反方步步緊逼：「那麼請問貝多芬是在哪一頓吃飽之後才寫出〈命運交響曲〉的？」

　　以上五種方法僅僅是「以逸待勞 —— 捕捉漏洞法」的一般技巧，大家可以在實戰中總結更多更有力的方法來。

（二十一）偷梁換柱，改換辯題

　　辯論的論題都是具有多個層面的，包含著深刻的內涵並具有廣闊的外延，能夠為雙方提供廣闊的空間進行「戰鬥」。同時，論題往往是不確定的概念，並不是要辯手一定要辯出「黑」與「白」、「是」與「非」來，而是在「多」與「少」、「利」與「弊」、「合理」與「不合理」、「應該」與「不應該」上大作文章，迴避了原則性的大是大非。雖然辯論不是辯真理，具有廣闊性、伸縮性的辯題能夠保證任何一方都不處於明顯的優勢或劣勢，但很多時候，也並不是絕對平衡的，這當中也可能出現對其中一方較為有利而對另一方則存在較大困難的情況。例如某場辯論賽，以「在城市中發展高層建築利大於弊」為辯題。城市發展高層建築的益處是顯而易見的，世界城市的發展趨勢也證明了這一點，反方能找到的理論和事實依據都不是很充分，這個辯題對反方就很不利了。那麼，面對一個相對不利的辯題，我們應該採取什麼樣的對策呢？

　　下面我們向大家介紹兩種處理不利辯題的方法，擺脫所處的困境，變不利為有利，出奇制勝。

（二十一）偷梁換柱，改換辯題

借屍還魂

首先讓我們看一下下面這個辯題的內部結構。

「高消費對國家市場經濟的發展利大於弊」

這個辯題是要我們辯利與弊的關係，其實包含著以下幾個層面的內容：高消費是一個層面，什麼是高消費，利弊如何；國家是一個層面，在國家中高消費的情況如何；最後才是利與弊的關係。在這個論題中，任何一個層面都可以展開一場辯論。

透過對以上兩個辯題的分析，我們看出來，在組成辯題的層面中都涉及到了一個概念（高消費）。而一般理解都把辯論的重點放在後半部分（利與弊）的比較上，但是，概念的作用也是極為重要的。由於我們要辯的就是這個概念所代表的事物的利弊，就很有必要把概念先向觀眾解釋清楚，讓觀眾明白你是在為誰說話。在這個過程中，就展現了雙方的辯論技巧。對論題中的概念的解釋，不一定要依據權威所下的定義，或者從辭書上抄來的辭條。辯論中，有時候為了證明有利於己方的觀點，是可以自己「創造」出定義來對論題中概念進行詮釋。在不改動辯題中的概念的情況下（也不允許改動），利用己方對概念的解釋，完全可以把其轉換為另一類事物，來個故意的「張冠李戴」，達到轉換論題的作用，避開有威脅的礁石和險灘，在辯論的長河中揚帆向前，這種技巧，就是我們要講的

「借屍還魂」。

使用這一技巧，通常是在權威或者公認的定義對己方的論證不利時，跳出傳統，大膽創新，獨闢蹊徑，使對方早已準備的辯論武器無法得到施展，而達到「出奇制勝」的目的。

當論題中的概念不利於己時，應該大膽突破，不拘泥於陳規俗套，在博采眾家之長的基礎上，勇於創新，闖出一條新路來。使用這一方法，需要注意：

> 科學性要強，因為定義是自己創造的，故權威性較差，這樣就需要大力加強定義中的科學成分，使人能夠接受。強詞奪理的「創造」出一個牛頭不對馬嘴的定義，漏洞百出，反而可能被對方抓住，陷入被動。

> 不是所有的概念都可以重新界定。雖然說「百花齊放」，大家都只不過是一家之言，但有些概念的解釋早已受到公認，硬要再重新定義一番，只能收到相反的效果。如果脫離了事實的基礎，憑空杜撰出一個空中樓閣來「借屍還魂」是不可取的，非但不能力挽狂瀾，甚至會被對方抓住漏洞，窮追猛打，全面陷入被動，魂沒有活，屍也白借了。

偷梁換柱

「偷梁換柱」是採用一個與原論題有直接必然關聯而又不同於原論題的新命題來代換舊有的論題，從全新的角度出擊，

力圖克敵制勝。新採用的命題應該滿足下列條件：有 A（舊命題）必然導出 B（新命題），B 是 A 的結果。證明了前提，則結果成立；證明了結果，前提存在成立。由此及彼，透過論證有利於我方的論斷的成立來證明舊有命題（與我方採納的新論斷有必然關聯）成立。實際上就是利用證明結果的正確性而「導出」原因也是正確的（邏輯未必正確，但在辯論中常常都是有效的）。

　　某次國際大學辯論賽中，反方隊就曾經成功的運用了由此及彼的方法擊敗實力雄厚的正方隊勇奪桂冠。在決賽中，辯論的主題為已經辯了幾千年而久辯不息的「人性」論，正方隊認為「人性本善」，反方隊則認為「人性本惡」。我們知道，要想駁倒人性善論，使人性惡論得以成立，就無法避免的要回答這樣一個問題：既然人性是惡的，為什麼社會上還會有那麼多的善行存在？想從正面來回答清楚這個問題是十分困難的。針對這種情況，反方隊並沒有墨守陳規，一味在「人性惡論」上下工夫，而是獨闢蹊徑，將立論的重點放在了「人性雖惡，但教化可以向善」的角度上，把原論題中的人性本惡這一中心變成了新論題中一個條件，根本不做重點的證明，而是立足於教化向善的「人性向善」論去和正方的「人性本善」辯論。實際上遵循了這樣一種設想：假使人性已經善了，何以又要教化，又要向善呢？這樣就把原本十分棘手的問題化解，並製造了一個新的燙手的「熱山芋」扔給了正方隊。

第七章　因勢利導，以謀取勝

第八章　應對自如，情理交融

（一）搶先下手，掌握主動

「先下手為強」，有時局勢的主動與否全在於論辯開始時能否掌握主動，能不能做到先發制人。

如果辯論剛開始在心理上能比對方站在更優越的位置，自然可以影響到後來彼此的談話。因此，能夠比對方先行一步，就達到了先發制人的地步。

辯論不是簡單的舌戰，更不是街頭潑婦吵架，而是進攻與防守綜合藝術的運用。顧頭不顧尾的蠻攻和忍氣吞聲的呆守都會造成滅頂之災。孫子曰：「備前則後寡，備後則前寡，備左則右寡，備右則左寡，無所不備，則無所不寡。」在辯論時，為了辨明是非，最經常也是最奏效的策略就是主動出擊，因為只有在進攻、進攻、再進攻中才能始終掌握主動權。但不能盲目進攻，要掌握進攻技巧，才能獲得好的效果。

正面進攻

與對方短兵相接，面對面的直接駁斥對方的論點，尤其是中心論點，指出對方論點的錯誤和明顯違背事實和常理的地方，使其主張不能成立，是辯論制勝的法寶。這就是所謂正面進攻。這是大規模的正規軍決戰常用的手法，最常用，也最難以掌握。

某次辯論賽預賽的第一場，辯題是「個人功利主義是社會進步的最重要的因素」。辯題即論點，反方隊的一名隊員發言指出：「國父孫中山領導辛亥革命，推翻了中國兩千多年的封建統治，難道是因為個人功利主義嗎？愛迪生發明了電燈，造福於全人類，難道是因為個人功利主義嗎？」

　　這裡採用的就是正面進攻，直接反駁辯題。只用兩個反問句，舉出兩個無可辯駁的歷史事實。孫中山領導的辛亥革命，中國及全世界都知道；愛迪生的科學發明，為全世界帶來了光明，更是世人皆知。論者用這兩個促進社會進步的重大歷史事實，直接證明「個人功利主義是社會進步的重要因素」這一論點的錯誤。這一方法的效果是全面而且有力的。

側面進攻

　　側面進攻指不與對方正面交鋒，或是因對方論點看似十分堅強，難以找到漏洞，而從側面駁斥對方的論據，或提出對方論據邏輯上的毛病，加以迎頭痛擊，徹底打垮對方。

包圍進攻

　　包圍進攻是指當對方分論點很雜時，可以分割包圍對方核心論點周圍的分論點及論據逐一進行駁詰，最後推翻對方的核心立論。既然對方分論點不能成立，其核心立論自然不成立。

迂迴進攻

　　迂迴進攻是指不與對方近距離接觸，而先遠距離的進攻，如從挑剔對方的論辯態度不妥或論辯風度有失，開始詰難，進而抓住對方的論辯企圖，深入進行駁詰。用這種方法，往往使對手措手不及，難以應答。

　　在辯論中，只有以正確的進攻方式攻擊對手，在攻擊過程中發現對方的破綻搶先下手，掌握辯論中的主動權，進而窮追猛打，方可一舉獲勝。

（二）抓住要害，窮追猛打

　　辯論中，抓住對方要害進行攻擊，可望迅速突破對方的「防線」，盡快獲得論辯的勝利。

　　辯論，很大程度上靠即興的臨場發揮，而人的語言不可能總是組織得很嚴密，總有一些漏洞。只要能夠抓住對方的弱點，全力擊之，就能迫其就範。

　　如對方立論不甚周全，解釋不盡合理，表達欠妥等，都可帶來可乘之機。

　➢ 集中力量攻擊對方某一薄弱環節。在辯論中，對方必有軟肋。在進攻時，集中火力攻擊之，打開突破口，一鼓作氣，最終必定獲得勝利。

（二）抓住要害，窮追猛打

> 利用對方隱藏的弱點。這類弱點需要處處留心，隨時抓住。

> 利用對方表達上的漏洞。在辯論中抓住對方表達上的漏洞，及時指出，也會收到立竿見影之效。

> 利用對方邏輯上的弱點，按照對方邏輯導出兩個相互矛盾的結論，這樣，對方論點不攻自破。

> 利用對方立論上的弱點。一般來說，這樣的弱點不很明顯，但一旦抓住，進行攻擊，那麼它的攻擊就是致命的。如在「人性本善」辯論中，找出對方立論的瑕疵點，「善花是如何結出惡果」，並進行連續攻擊，效果就非常明顯。

打擊對方的不備之處，摧毀力是很大的。俗話說：「智者千慮，必有一失」，即使對方考慮再周全，也有疏漏之處，關鍵在於是否有敏銳的洞察力去發現並抓住這種疏漏進行反擊。

1966 年，電影演員出身的雷根與前任州長布朗（Brown）競選加州州長。當時，布朗的助手苦心編了個電視節目。節目中布朗對一群小學生說：「我正在與一名演員競選，而你們知道是誰暗殺了林肯？」這裡說的是殺害前總統的演員布思（Booth），而其真意卻是誹謗雷根的出身。然而，結果卻適得其反，被雷根強大的競選團隊抓住了漏洞，進行了有力的反擊，雷根因此而獲得了無數張同情票，最後以絕對優勢當上了州長。布朗的失策就在於「抓了芝麻，丟了西瓜」，再說雷根

第八章　應對自如，情理交融

是演員出身跟凶犯布思有什麼關係呢？

在論辯的進攻中，因準備不足而出現漏洞，就等於把把柄送給了對方，對方當然會毫不留情的進行反擊，所以，抓住要害常常是辯論獲勝的關鍵。

1930 年代中期香港茂隆皮箱廠負責人馮燦善於經營，生意相當興隆，因而引起英國商人威爾斯的嫉妒。威爾斯蓄意敲詐，向茂隆訂購了 3,000 個皮箱，價值港幣 20 萬元。茂隆按照合約規定如期交貨，威爾斯卻雞蛋裡挑骨頭，硬說皮箱中有木料，不能算是皮箱，要求賠償損失。威爾斯同時向法院提出訴訟。開庭時，港英法院偏袒威爾斯，企圖判馮燦詐騙罪。馮燦委託當時還不大出名的律師羅文錦出庭辯護。羅文錦分析了案情，抓住了最關鍵的問題。在法庭上，正當威爾斯信口雌黃，強詞奪理的時候，羅文錦站起來，從口袋裡取出一個大號金懷錶，高聲問法官：

「法官先生，請問這是什麼錶？」

法官答：「這是英國倫敦出品的金錶。可是，這與本案有什麼關係呢？」

「有關係。」羅文錦高舉金錶，面對法庭上所有的人問道，「這是金錶，沒有人懷疑了吧？但是請問，這塊金錶除錶殼是鍍金之外，內部的零件都是金製的嗎？」

旁聽者同聲議論：「不是。」、「當然不是。」……

「那麼，人們為什麼叫它金錶呢？」羅文錦稍作停頓，高聲說：「由此可見，茂隆的皮箱案，不過是原告無理取鬧、存心敲詐而已。」

在眾目睽睽之下，法官只得判威爾斯誣告罪，罰款港幣5,000元，了結此案。從此，羅文錦聲名大振。

顯然，羅文錦由於抓住了問題的要害，明確了主攻的目標，才設想了以金錶來類比推理的方式。而且，他在進攻中還注意了表達的層次和氣勢，顯得簡潔有力，從而獲得勝訴。

（三）利用矛盾，逼敵就範

發現對方詭辯中自相矛盾，就加以揭露，用對方的一個判斷去否定另一個判斷，通常很容易推翻詭辯者的論點。

利用矛盾，是論辯中常用的技法。這種方法就是在論辯中，透過分析對方的論辯，抓住其中自相矛盾的地方加以揭露，「以子之矛，攻子之盾」，從而揭露對方論辯的荒謬，使其目的不能得逞。

雄辯家通常很喜歡利用矛盾術來駁斥和揭露詭辯。

有一個克里特島的人說：「所有克里特島人說的話都是謊話。」一擅長辯論的人很容易就抓住了這句話的漏洞進行反擊，於是問他：「你這話是很荒謬的，因為如果這句話是真的，那就不是所有克里特島的人說的話都是謊話，因為你本身

149

就是克里特島人；如果你這句話不是真話，那就是你在那裡扯謊，既然『所有克里特島人說的話都是謊話』這句話是謊話，那就得承認有的克里特島人說的話不是謊話了。」

利用矛盾術不僅可以駁倒詭辯者的詭辯，而且可以用來將詭辯者的「軍」，使他們有苦難言。

從前，有兩兄弟，家裡很窮，老大就出門找事做。結果找到了一個長工的工作，期限是一年。地主同意老大所要求的工錢數目，不過要加一個條件：「我做什麼你就跟著做什麼。如果違背了這個條件，就要扣掉全部工錢。」老大答應了。

到了年底，地主把老大叫去，吩咐著：「快過年了，我家需要油用，今晚你跟我一道到隔壁偷去。」老大一口回絕了，說：「這種事我不能做！」

地主按照條件扣掉了老大的全部工錢。老大兩手空空的回家去了。老二安慰老大說：「你不用難過，過了年我去當他的長工。」

過完年，老二就到地主家當長工。地主又提出相同條件，老二滿口答應了，不過也提出了一個條件：「如果我一點也不違背你的條件，你怎樣做，我便怎樣做，你要給我雙倍工錢。」地主滿口答應了。

一天，地主領著老二上街賣油，地主提著油罐在前，老二挑著油擔在後。走到半路，地主摔了跤，把罐子裡的油潑了。

老二看見了，馬上也故意摔了一跤，把油桶裡的油全灑在地上。地主氣得火冒三丈，罵道：「你怎麼把我的油全灑了，非賠不可！」

老二心平氣和的說：「你不是說你做什麼我就得跟著做什麼嗎？我是按照你的條件做的呀！」地主無話可說，只好垂頭喪氣的反身回家。

地主回到家，大罵老婆出氣，哪知老二跟著大罵起來；地主用木棒打老婆，老二也跟著打起來。這下地主可急了，指著老二罵道：「你怎麼敢打我的老婆？」

老二假裝吃驚道：「難道我做得不對？你做什麼我就做什麼呀，不然你扣我的工錢怎麼辦？」地主氣呼呼的說：「你滾吧，我再也不要用你當長工了！」

老二說：「不行！當初約好要做一年，不到期我是不走的！」

地主看這長工實在難對付，不得不忍痛付出雙倍的工錢，讓老二回家了。

老二就是運用了矛盾術，緊緊抓住「地主做什麼，長工也跟著做什麼」這個條件不放，把地主弄得狼狽不堪。

論辯中的矛盾戰術，是論辯者透過論證與對方論題相矛盾的論題的真實，再根據矛盾規律的「兩者不能都真，必有一假」的邏輯要求，進而說明對方論題的虛假。

第八章　應對自如，情理交融

矛盾戰術，表現在論辯中，是抓住對方自相矛盾的地方加以暴露，以子之矛，攻子之盾，從而戰勝對手。

一個小男孩子去麵包店買了兩個便士的麵包，發現麵包比平時小得多，於是就對老闆說：「你不覺得這個麵包比平時小嗎？」

「哦，不要緊，這樣你拿起來就方便多了。」顯然，老闆在詭辯。

小男孩沒有爭辯，只給一個便士就離開了麵包店。老闆趕緊大聲喝住他：「嘿，你沒給足錢！」

「哦，不要緊，」男孩不慌不忙的回答，「這樣，你數起來就方便多了。」一句話噎得老闆說不出話來。

利用矛盾「戰術」，可以一下子擊中對方要害，使其無可辯駁。

揭露對方矛盾，使論敵對同一事物做出前後不同的斷定，再以矛盾律為武器攻擊對方，往往能把對手逼入無辭可辯的境地，這是矛盾「戰術」的重要特點。

矛盾戰術的運用有兩種類型：順推術和模擬術。

順推術

順推是按論敵的邏輯推論出一個荒謬的結果，回敬對方，從而使對方陷於被動地位。

有一戶人家家裡有人去世，居喪期間，偶然吃了一餐紅米飯。有一個管閒事的對此頗有微詞：「家裡死了人是不能吃紅米飯的，因為紅色是喜色。」

　　這家主人反駁說：「難道吃白米飯就是家裡死了人嗎？」

　　這家主人反駁對方使用的就是順推術，但其形式則是錯誤的，因為他由對方的觀點推出新的觀點時，使用的是由肯定後果到肯定前提的錯誤形式。

　　有個病人走進醫院，對護士說：「請把我安排在三等病房，因為我很窮。」護士問：「沒有人能夠幫助你嗎？」病人回答說：「沒有。我只有一個姐姐，她是修女，也很窮。」護士揶揄的說：「修女有錢得很，因為她和上帝結婚。」

　　病人聽了護士的諷刺，十分生氣，回敬道：「好，那就麻煩你安排我在一等病房吧，以後把帳單寄給我姐夫就行了。」

　　病人回敬護士，是順著護士的話進行推論和回敬，這種推論真是妙不可言，妙就妙在以子之矛，攻子之盾，使對方沒有任何招架的餘地。

模擬術

　　模擬術是模擬論敵的荒謬邏輯，反擊對方的方法。

　　在一個小鎮的車站候車室裡，有一個年輕男人把痰吐在潔白的牆上，車站管理員對他說：「先生，你這樣做很不文明，

第八章　應對自如，情理交融

『不准隨地吐痰』的告示你應該看到了吧？」

「看到了，我吐在牆上，不是吐在地上。」

「如果依你這種說法，那麼我有痰就可以吐到你的衣服上了，因為衣服上也不是地上。」

年輕男人啞口無言。

車站管理員所用的方法就是模擬術，模仿對方的邏輯，予以反擊。

（四）借題發揮，巧妙反擊

在辯論中，為了使對方屈服，可以將對方的命題、觀點進行適當的展開和引申，指出其不合理和荒謬之處，從而給予有力的反擊。

在辯論場上，各式各樣意想不到的情況變化，常常令人難以捉摸。如能及時抓住其中有利於證明自己觀點的某句話，某個觀點，某種情況，進行巧妙反擊就可輕鬆獲勝。

肯定式反詰

肯定式反詰就是不直接，而以反問的形式，先假定肯定對方的觀點然後加以反詰，從而更有利的證明己方的觀點。這種反擊通常比直截了當的說出己方觀點更有力量。

某年，一場辯論會決賽時，辯題是「發展旅遊業利多於弊

154

還是弊多於利」。正方發言中有這樣一段話：「如果發展旅遊業真是弊多於利的話，那麼，為什麼許多國家和地區都在發展旅遊業呢？難道這些國家和地區那麼多領導者都是愚不可及的嗎？」

像這樣的反詰，一般很難正面去回答和辯解的。

否定式反詰

否定式反詰就是用反問的形式，否定對方的觀點。這樣既增強了自己的語勢，更使辯論語言不顯得過分呆板。

強擊式反詰

強擊式反詰就是反問的語氣堅決強硬，攻擊力強，適用於敵我雙方在原則性問題上不容許有絲毫的軟弱與讓步的情況。

有些人在辯論過程中，講不出什麼實在有說服力的道理，只是閃爍其詞，進行詭辯，對此我們要善於識破，拆穿其荒謬的底牌。如何識破、拆穿？有三種方法：

■ 以鐵的事實，駁倒詭辯

「一個國家向外擴張，是由於人口過多。」反方在反駁這一謬論時，就列舉了眾所周知的事實：「英國的人口在第一次世界大戰前是 4,500 萬，不算多，但是英國在一個很長時期內曾經是『日不落的』殖民帝國。而美國的人口也不多，但是美

國的軍事基地遍布全球，其海外駐軍多達 150 萬人。」言之確鑿，雄辯有力，足以論證一個國家是否對外擴張和這個國家的人口多少並無必然關聯。

面對某種詭辯，只要列舉出其結論相反的事實例證，其結論也就不能成立了，因為「事實勝於雄辯」。

■ 利用推理進行反駁

有時，爭論的一方理屈詞窮，卻用論題概念的偷換或轉移讓對方上當。這類耍賴狡辯在論辯中也會出現。不准轉移或偷換命題，遵守同一律的邏輯方法，利用推理就能制服這種狡辯和詭計。

利用推理方法進行反駁的方法有許多。

在一次活動上，主持人出了一道題：「2＋3 在什麼情況下不等於5？」有人問：「是相對數是絕對數？」「是一般的數。」有人答：「兩隻貓加三隻老鼠不等於五。」主持人說：「不行，不要名詞。」這下，大家有點被難住了。有人答：「如果 3＋4 不等於 7，那麼 2＋3 也就不等於 5。」「對了！」

這就是一個假言判斷的推理。既然對方提出的是個怪問題，你用直言判斷，肯定解答不了，只有用假言判斷，才能替自己插上智慧的翅膀。其他的邏輯方法，也是同樣的道理，只要能根據實際情況靈活應用就可以了。

■ 以彼之道，還施彼身

在辯論中，以彼之道，還治彼人之身，往往能收到奇效。莎士比亞的《威尼斯商人》裡，波西亞化妝成律師智鬥貪婪而狡猾的夏洛克，用的就是這種手法。

波西亞依據法律判決夏洛克從安東尼奧（Antonio）身上割取一磅肉，但同時規定：不准流一滴血，不准有絲毫超過和不足，否則就判夏洛克抵命並財產充公。結果斤斤計較的夏洛克只好放棄履行契約的要求。波西亞以詭辯對詭辯，使其自食其果，一無所獲。

以其人之道還治其人之身，可以採用喻仿式、比仿式和仿體式各種方式，這需要依據具體情況來選擇。不論是哪一種都要抓住詭辯推論的基本結構和表達方式，然後選擇另一類可以與之相喻仿照的事物加以推論，得出一個能給予詭辯者某種損害的結論，從而產生反難或反責的效果。這種技巧的要點是：選擇與詭辯者有利害關係的事例，採用詭辯者使用的方法解析事例，或是以意外的可感性活動使詭辯者受責犯難。

反詭辯技巧，就是給予詭辯者嘲弄，從而誘使他發問，向你設下的實際是他自己設計的圈套，使他搬起石頭砸自己的腳，不得不放棄詭辯，採取老實的態度。因為邏輯是他的邏輯，事實是他的事實，由此推出的結論，他只有接受。

第八章　應對自如，情理交融

引申式反詰

　　名言很多，很容易被詭辯者利用作為他們的招牌。當詭辯者引用名言的時候，拆穿反駁的方法大體上還是上面所談的幾種。詭辯者引用名言，往往有一種「拉大旗作虎皮」，顯示自己與名人和真理站在一起的架勢，容易使人「措手不及」，一時難以應對。其實，冷靜一想，名言的使用場合不同，其含義也是不同的，可以用許多招數予以拆穿駁倒。

■ 例證法

　　名言往往是在一定情況下或從某種意義上說，其真理性是相對的。詭辯者引用名言往往脫離實際，你可以指出這一點，但某些名言的背景情況不太容易一下子說清楚，所以最好以事例來論證其引用的片面性。

　　如有段時間教育界強調智力開發，有人就引用愛因斯坦的名言：「想像力比知識更重要。」愛因斯坦當然是指只重傳授知識而輕視想像力培養的教育弊端而說的，並不意味著知識豐富不重要。古今中外有許多偉人之所以獲得偉大成就，都是既豐富知識又發展想像力，使其相得益彰的結果。這就有大量的事例可以反駁詭辯者對名言的引用，證明這種引用是站不住腳的。

（四）借題發揮，巧妙反擊

■ 辨析法

詭辯者引用名言歸根到底是對名言的曲解和濫用。有時候，我們只要對名言本身的詞語加以辨析，就可以看出名言不足以證明詭辯者的觀點是正確的。

小王有錯不改，不聽朋友勸告。朋友勸他：「小王，你不能這樣下去，應當爭口氣，何必總讓別人說呢？」他說：「我才不在乎呢！走自己的路，讓別人去說吧！」朋友說：「走自己的路是指走正路，走積極向上、不斷進步的路，而不是走彎路和邪路，如果前面是懸崖與深淵呢？也不需要別人的勸阻嗎？」

■ 順意法

遲到者不接受批評，反倒詭辯說：「我不過是睡覺睡過了頭，也是為了更好的工作呀！不是有人說過嘛，不會好好休息也就不會好好工作呀！」你可以說：「沒錯，是有人說過這話，但他難道說過，為了休息好可以耽誤工作時間的話嗎？」如此順意反詰，使其無法再狡辯，只好低頭認錯，甘心受罰。

■ 針鋒相對法

這種方法是「以其人之道，還治其人之身」的一種。這就是說，當詭辯者引用名言佐證時，你也引用名言來論證反駁。

有一次，幾個人相聚，爭辯起家庭教育中父母的責任問題。

第八章　應對自如，情理交融

　　一位女性認為做父親的應負主要責任，並引用古語說：「中國古代就有『子不教，父之過』的說法，而不說『母之過』，可見做父親的應承擔主要責任。」言者有點得意，其他男性一時語塞。主人連忙反駁：「這也不盡然。法國著名思想家盧梭，在他論教育的名著《愛彌兒》中指出：『母不母，則子不子』，這說明母親對教育子女也負有很大的責任。」這下子，說話的女性也語塞了。

　　其實，對子女教育，父母都有重要的作用和責任，強調一方面而否定另一方，或是推卸責任的詭辯，即使引用名言，也是可以揭穿駁倒的。當然，這個事例有點半開玩笑，但它可以說明針鋒相對是可以採用的反詭辯的一種方法。它不給詭辯者半點可乘之機，語言嚴謹。

■ 極端法

　　有些思想僵化的人曾用「毫不利己，專門利人」之類的話來否認正當的個人利益。那你可以告訴他：「為了避免『人滿為患』，做出無私奉獻，請您來個安樂死吧！行嗎？」這裡雖然是玩笑話，卻正是把問題推至極端，揭穿了詭辯者的論點是荒謬的，在極端情況下不攻自破。

（五）避其鋒芒，靈活應變

常言道：「君子避三端：武士之劍端，文士之筆端，辯士之舌端。」在辯論的時候，遇到於己不利的論題，如果不及時避開，一味糾纏不休，就會為「筆端」或「舌端」所害。

辯論方法不但要有攻，而且也要有防。有攻有防，攻防結合，才能克敵制勝。只攻不防，看似驍勇，實則並非善戰；疏於防守，弄得遍體鱗傷，又怎能養精蓄銳，戰勝論敵呢？

避開論敵鋒芒的要則，就是要善於及時避開論敵「筆端」、「舌端」的銳利鋒芒，必要時不惜「丟卒保車」，甚至，「丟車保帥」，尋覓新的機會，化險為夷，東山再起，變被動為主動。

律師在為一個實施正當防衛的被告辯護的時候，如果一味與控方律師爭辯原告的傷是重是輕，後果是嚴重還是輕微，只能是被動受責。只要及時撇開這一話題，轉入被告為何要實施正當防衛，以及他若不防衛又會招致何種後果這一關鍵論題，並予以充分的論證和有力的辯護，就能獲得辯論的主動權，維護被告的合法利益。

靈活應變的範圍很廣，在辯論中常常會發生預料不到的問題，由於雙方都不肯讓步，使辯論陷入僵局。對於這類問題的解決辦法，一是把可能引起爭議的問題往後放，待其他問題雙方統一後，再來討論。這樣做的好處有兩個，一是確保辯論的

順利進行。二是先易後難，經過幾個回合的洽談，對剩下的問題，雙方都能抱著通情達理的態度，盡快使問題達成協議，以避免在少數問題上耗費精力，過分糾纏。

具體怎樣避其鋒芒，靈活應變，有以下幾法：

借屍還魂

辯論之中常常有不必正面反駁，或是不便於進行正面反駁的情景發生，這時要善於「借屍還魂」，抓住對方的話頭巧妙的暴露對方的錯誤，正所謂不戰而屈人之兵。

一次，俄羅斯著名馬戲小丑演員杜洛夫（Durov）在表演後休息時，一個傲慢的觀眾走到他跟前，譏諷的問道：

「小丑先生，觀眾對你非常歡迎吧？」

「還好。」

「作為馬戲團中的小丑，是不是只要生來有一張愚蠢而又醜怪的臉蛋，就會受到觀眾的歡迎呢？」

「確實如此。」杜洛夫悠閒的回答，「如果我能生一張像先生您那樣的臉蛋的話，我一定能拿到雙薪！」

這位不識趣的挑釁者讀懂了杜洛夫的意思：如果我僅僅是由於生有一張愚蠢而且醜怪的臉才受到觀眾歡迎的話，那麼你的加倍愚蠢和醜怪的臉，肯定就可以拿雙倍薪水了。

釜底抽薪

學生以「武將也需要文才」一題展開辯論。反方認為武將不要文才也可以，理由是：武將能指揮打仗，學文是避長揚短。

對此，正方反駁：

「在知識的海洋裡，每一門學科、每一種知識技能不是孤立的。武才和文才也是這樣。武才靠文才來總結、交流、提升，文才靠武才來鑑別真偽。一位高階指揮員曾列舉了武將學文的種種益處：一是可以把練兵或打仗的實踐經驗提升為理論，便於學術交流和供後人學習借鑑。二是迫使自己不斷進取，防止經驗主義。三是培養深入、嚴謹、細膩的作風，避免粗枝大葉。四是在學文過程中加強思想修養，養成愛思考的習慣。五是豐富業餘生活，使文武互補，工作有緊有鬆。」

這裡採用的就是釜底抽薪法。這樣反駁，武將能指揮打仗就可以了，學文是揚短避長這一論據就被駁倒了，武將不需要文才的論題自然無法成立了。

自我解嘲

1950 年代初，美國總統杜魯門（Truman）會見以傲慢著稱的麥克阿瑟（MacArthur）將軍。會見中，麥克阿瑟拿出菸斗，裝上菸絲，把菸斗叼在嘴裡，取出火柴。當他準備劃燃火

第八章 應對自如，情理交融

柴時，才停下來，對杜魯門說：「抽菸，你不會介意吧？」顯然，這不是真心徵求意見，在他已經做好抽菸準備的情況下，如果說介意，就有點不近人情，足見其粗魯和霸道。這種缺少禮貌的傲慢言行使杜魯門有些難堪。然而，他看了麥克阿瑟一眼，自嘲道：「抽吧。將軍，別人噴到我臉上的煙霧，要比噴在任何一個美國人臉上的煙霧都多。」

由此可見，當令人難堪的事情已經發生，運用自嘲，能使你的自尊心透過自我排解的方式受到保護，並且，還能表現出自己的大度胸懷。

置身於難堪境地時，如果過分掩飾自己的失態，反而會弄巧成拙，使自己越發尷尬。而以漫不經心，自我解嘲的口吻說幾句取悅於人的話，卻可以活躍氣氛，消除尷尬。

自嘲運用得好，可以使辯論平添風采。如果用不好，會使對方反感，造成交談障礙。自嘲要審時度勢，相機而用，不宜到處亂用。比如，對話答辯、座談討論、調查訪問等，就不宜使用自嘲。此外，自嘲要避免採取玩世不恭的態度。積極的自嘲，包含著自嘲者強烈的自尊心、自愛。這種自嘲不過是採取一種貌似消極、實為積極的促使交涉談話向好的方向轉化的手段而已。它從另一個角度，把不利化為有利，擺脫了自己的心理負擔。

（六）沉著冷靜，後發制人

在雙方辯論中，往往會有一方，以咄咄逼人的談話作為決定性手段，一旦抓住對方漏洞，即緊追不放。面對這類辯論對手，若想應對得體，就必須沉著冷靜，後發制人。

咄咄逼人的談話，一般是有備而來，或是對自己的條件感到比較充分，有信心戰勝你。談鋒一般是指向一個地方，對你的要害部位實行「重點攻擊」，會令人一開始就處於被動位置。

對付的辦法有多種，根據情況的不同你可以加以選擇，但其中最主要的一種就是後發制人。這是使自己能站穩腳跟的最有效辦法。特別是中國人，更善此道。在中國古代哲學中，關於「以靜制動」、「反守為攻」的論述很多。每個人也許都有這個經驗：先把拳頭縮回來，到一定程度，看準了對方，再猛烈的打過去，往往會打得更準，打得更狠。

後發制人一般在兩種情況下施行反攻，最為有效。

第一，當對方到了已經不能自圓其說的時候。咄咄逼人者，其開始鋒芒畢露，也許你根本找不到他的破綻。但是，你應該抱著這麼一種觀念，他總有不攻自破的地方，總是有軟弱的地方，只是你還沒發現而已。等待時機，一旦其鋒芒收斂，想要喘息、補充的時候，這時候你就可以反攻了。

第二，當對方已是山窮水盡的時候。這時就是對方已經把

第八章　應對自如，情理交融

要進攻的全部進攻完畢，把要打擊你的部位打擊完畢，而後發現，他連你的「傷口」部位還沒找到，其鋒芒所指，無非是微不足道的小錯誤，或者其打擊的部位亦不全面，從本質上動搖不了你，這就是所謂的「山窮水盡」。

後發制人在具體運用時有如下技巧：

裝作退卻，設計陷阱

假如對方的問話是你所必須回答的、不能推辭的，而又要對方跟著你的思路走，你可以裝作在第一時間退卻。對方乘機逼過來，你把他帶得遠了，讓他完全進入了圈套，然後再回過頭來對他反擊。

抓住一點，伺機反攻

這是在你幾乎無計可施的時候，對方話鋒之強烈，火藥味之濃，使你無法反擊，他提出的重大問題，你卻無法一一回答，這種情況下怎麼辦？迅速找到他的談話內容中的一個小漏洞，即使再微不足道也無所謂，可以把這一點無限擴大，使其不能再充分展開其他方面的進攻。你就在這一點上，來回與他周旋，並迅速的想出應付其他問題的辦法。

胡搞蠻纏

胡搞蠻纏是當你理虧時，被對方逼到了死角，而又實在不想丟面子，就可以亂纏一番，把沒有理的說成有理的，把本來不相干的事物連結在一起，說成是很有關聯的事物，把不可能解決的、不好解決的問題與你的問題扯在一起，以應付對方的連串進攻。

胡搞蠻纏是一種不得已的辦法。在某種程度上，是不正當的，但卻也不失為一種自我保護的方法，特別是當對方欺人太甚、絲毫不留情面的時候。另外，用胡搞蠻纏的方法，可以先拖住對方，以便有時間思考真正應付的辦法。

把球踢給對方

這是談話中要運用的一個很普遍、很實用的技巧。當對方的問題很難回答、問的角度很刁，你回答肯定、否定都可能出差錯時，那就不要回答，把問題再還給對方，從哪個地方踢來的球，再踢回到哪裡，將對方一軍。

比如，有一個國王故意問智者：「人人都說你聰明，不知是真是假？如果你能數清天上有多少顆星星，我就認為你聰明。」智者說：「如果你能告訴我，我騎的毛驢有多少根毛，我就告訴你天上有多少顆星星。」

第八章　應對自如，情理交融

打擦邊球

打擦邊球的技巧就是給予對方一個模稜兩可的回答，好像打乒乓球時打出的擦邊球，似乎球發在線內，又略微擦了一點邊，叫你無可奈何，接也不是，不接也不是。對付對方咄咄逼人的追問，你就還一個擦邊球式的回答，看起來與對方的問題不相干，幾乎沒有回答他的追問，但又確實與此有關，使對方不能對你進行無理的指責。

（七）引「蛇」出洞，誘其上鉤

辯論並不是直來直去，有時也要用一些迂迴曲折的方式來達到自己的目的。比如，可以使用引蛇出洞的方法，透過誘導對方，製造一些矛盾，使對方提出有利於自己的結論。

在辯論中，或與陌生人交談時，人總是不自覺的保持一種戒備狀態。而如何解除這種戒備，關係到辯論或與人交流能否成功。有句古語，叫作「引蛇出洞」，說的就是這種「出其不意，攻其不備」的攻心術，這裡「引」是手段，「出」是目的，對方將自己防範得緊緊的，你又怎能引誘出來呢？只有麻痺對方，鬆懈其意志，敞開其心胸，這才談得上引「蛇」出「洞」，實現其目的。這是引「蛇」出「洞」法的一個基本特點。當「蛇」出洞後，其戒備基本消除，我們就可以手到擒來了。

（七）引「蛇」出洞，誘其上鉤

　　鬼谷子據說是先秦時縱橫學派的一大宗師，同時，也是兵家神祕的一代祖師爺。相傳他在青溪山上向龐涓、孫臏傳授謀略與兵法的時候，一天，他有心想測試一下兩位弟子這一陣子學得如何，便坐在一個山洞裡向兩人問道：「你們誰有本事騙我走出洞外？」龐涓便搶一步連哄帶嚇，甚至揚言要放火燒洞，不論他如何威嚇，鬼谷子卻安然不動，因為他知道龐涓是要把他弄出洞去，所以防範得很緊。孫臏卻反其道而行之，承認自己愚笨，說無論如何是無法將老師騙出洞外的，不過，他接著說：「如果老師是在洞外，我倒有辦法騙老師走進洞來。」鬼谷子聽後當然不信，便信步朝洞外走去，誰知他的腳剛一踏出洞外，孫臏便在背後高興的拍掌叫道：「老師，我這不是把您請出洞外了嗎？」

　　孫臏哪裡愚笨，他是布下圈套讓老師鑽 —— 鬼谷子果然上當受騙。為什麼呢？因為孫臏先是說自己愚笨，哪裡騙得過老師？這就使鬼谷子放鬆了警惕，疏於防範。這一典故雖似笑料，但卻是引蛇出洞這一策略的最好例證。

　　許多人時常保持一分警戒之心，可是一旦放棄警戒，就幾乎喪失了抵抗力。如果你被對方侵入了警戒防線，警戒心反而在無意識之中減弱了，一些狡猾的詐騙犯通常就是利用人的這種心理弱點，施放狡猾的攻心煙霧，使一些善良的人們不知不覺的屢屢上當。

第八章　應對自如，情理交融

　　有則小故事說：有個叫米勒的人聽到一個鞋匠誇口說，誰也騙不了他。於是，米勒想試一試他的深淺。

　　這天，米勒在街上碰到了這個鞋匠，便拉住他說：「你在這裡站著等我一會，我馬上就來，讓你看看我是怎麼騙你的。」說完，米勒便走了。

　　鞋匠真的以為米勒會回來騙他，心想，我還倒要看看你有什麼騙人的高招。結果他在街上等了好幾個小時，也沒看見米勒回來。正當他等得實在不耐煩時，他的一個朋友走了過來。「鞋匠，你在這裡傻站著做什麼？」

　　鞋匠便把遇到米勒的事告訴了這位朋友，他的朋友聽後哈哈大笑起來。

　　「你真傻，上了人家的圈套還不知道，米勒把你騙了，他根本就不會回來了。」

　　這則小故事，與孫臏誘鬼谷子出洞有著異曲同工之妙，即用後一目的作為誘餌，布下迷障，使對方心安理得的上當受騙。

　　《伊索寓言》裡有這樣一個故事：

　　有一次，北風與太陽爭辯誰比誰更厲害，互相僵持不下，突然發現地面上有一個穿著外套的行人。

　　「我看是否這樣？」太陽說，「誰先讓這個行人脫掉外套，誰就得勝。」

（七）引「蛇」出洞，誘其上鉤

「我完全同意。」北風說，「但是要讓我先來。」

「那是自然。」於是，太陽就隱藏到雲的後面去，北風立刻呼呼吹起了冷風，它吹得越厲害，行人反倒把外套裹得越緊了，北風無計可施，只好歇手了，且退一旁看太陽如何使招了。這回輪到太陽露臉了。只見它使盡了氣力，拚命的把陽光射向那個行人，行人酷熱難當，就把外套鬆開了，不一會，他渾身大汗，乾脆把外套全部脫掉，躲避到一片樹蔭下，躺著休息去了，就這樣，太陽得勝了。

欲使行人脫下外套，只有讓外套失去禦寒的作用才行，太陽正是利用了這一點，才成功的達到了目的。

人的心理障礙通常是有準備的，遇到相關情景即表現出來，這種心中的準備為「心理組織」。通常，「不」的心理組織不可能突然變為「是」的心理組織，必須巧妙的朝「是」的方向誘導，才會逐漸產生「是」的答案。而這個過程是多變的，難以定型的，需要辯手隨機應變。

習慣於頑固拒絕他人的說服的人，經常都處於「不」的心理組織狀態之中，所以自然而然會呈現僵硬的表情和姿勢。對付這種人，如果一開始就提出本題，絕不可能打破他「不」的心理組織。所以首先應該盡量讓他輕鬆化，並提出不勉強的問題，使對方反射的答出「是」的答案。然後，循序漸進，加以引導，引向最終你所期望的答案。

171

第八章　應對自如，情理交融

請看如下回答：

「兔子跑得比烏龜快吧？」

「兔子也會打瞌睡吧？」

「這時烏龜就能超過兔子吧！」

「是。」

「結果烏龜比兔子先到達終點，我們可以說烏龜比兔子跑得快吧！」

「是。」

一般來說女性不易抵抗這種說服術，所以想說服不易打開心胸的女性或態度不開朗的女性，用這種方法可收到相當效果，在頻頻答「是」的情況下，對方「不」的心理組織自然會向「是」的方向傾倒，而產生「是」的態度。這時候就可利用這個機會將話導入正題，對方一定會很樂意的答出「是」的答案來。這實際上是一種階梯層次法，每次讓對方上一小級臺階，花費不大的力氣，當上了幾個臺階之後，你會發現對方已經接近你的目的了。

具體說來，運用這一技巧有兩方面的內容：

誘「敵」深入

在對方攻擊自己準備得最充分、最有說服力的論點時，暫時避而不答，含而不露，造成本方防守空虛，理屈詞窮的假象，引誘對方放心大膽的繼續前來進攻；一旦時機成熟，突然

拋出最有力的論據，使對方措手不及，擊破對方的攻勢。這種戰術還會對對方造成極大的心理壓力，使之明明占優勢的論點也不敢貿然出擊。比如一次辯論決賽中，甲隊指責乙隊舉出歷史的經驗說明人類和平共處的可能性，只能借助於神話的想像，大談什麼「愚公移山」、「精衛填海」、「女媧補天」；乙隊開始避而不答，呈退縮之狀，甲隊因而越發來勁，三番兩次的從歷史的角度加強攻勢，此時觀眾開始為乙隊擔心，而乙隊卻不失時機的拋出了著名人類學家馬凌諾斯基（Malinowski）關於戰爭並不是人類與生俱來的產物這一論斷，以及澳洲原住民在歐洲人到來之前根本沒有發生過戰爭，愛斯基摩人那裡從來就不知戰爭為何物等例證，予以堅決回擊，收到了效果。甲隊後來就不敢再從歷史的角度來出擊了。因為他們已經被誘得十分深入，積重難返。

故設圈套

好的防守者不是當敵人進攻時才披掛上馬，匆匆應戰，也不會去修築一條大而無用的馬奇諾防線。他們像精明的獵人，尋蹤訪跡，在獵物的必經之途上巧妙的掘下一個陷阱；他們是智謀過人的統帥，不屑於疲於奔命的尋找機會，而是在自己選擇的戰場上與敵人作戰。比如辯論隊伍站在反方立場上論辯「儒家思想是亞洲四小龍獲得經濟快速成長的主要推動因素」一題時，有意把韓國和香港擺在一起。先拋出韓國奉行政府干

預經濟的政策，問這符合儒家思想的哪一條，哪一款？正方信心十足的答曰：「這展現了儒家重視國家、官府主導作用的思想」；反方馬上甩出香港採取自由放任的經濟政策，問正方對此又作何解釋？問得正方張口結舌。這一戰術運用成功，可以達到辯論的最高境界——對手啞口無言。對手此時已完全落入己方圈套，即使勉強作困獸鬥，也是大勢已去了。

（八）熱情奔放，風采照人

我就是我，個性獨特

獨特的個性是演講中除內容之外最重要的因素。

有一次，卡內基技術研究所對一百位著名的商界人士進行智力測驗。這次測驗的內容和戰時陸軍所用的相似。測驗的結果，使得該研究所鄭重宣布：事業成功的各種因素中，個性的重要性遠勝過優秀的智力。

這是一項意義極為重大的宣布：對商人而言，極為重要；對教育家而言，極為重要；對專業人員而言，十分重要；對演說者而言，更是十分重要。

名演說家艾伯特‧胡巴德（Elbert Hubbard）曾經說過：「在演說中，贏取聽眾信任的，是演說的態度，而不是講稿和辭句。」應該是態度加上觀念。但個性是一種模糊而且捉摸不

住的東西，就像紫羅蘭的香氣一般，即使最能幹的分析家也無法掌握。它是一個人的全部組合：肉體上、精神上的、心理上的；遺傳、嗜好、傾向、氣質、思想、精力、經驗、訓練，以及全部的生活情況。這就像愛因斯坦的相對論那般複雜，幾乎也同樣的只有很少數人能夠了解。

個性因素由遺傳和環境所決定，而且極難更改或改進。但我們可以把它加大到某種程度，使它變得更有力量，更有吸引力。不論如何，我們都可以努力對大自然賜給我們的這項奇異的事物做最大的利用。這個目標，對我們每個人都具有相當的重要性。

講究演講姿態，尊重你自己的欲望和表達的需求

你要想學會有用的姿勢，只能自己去揣摩，從自己的內心，從自己的思想，從你自己對這方面的興趣中去培養。唯一有價值的手勢就是你天生就會的那一種。一盎司的本能比一噸的規則更有價值。

手勢和晚宴服飾這種可以隨意穿上或脫下的東西完全不同。它只是內在情況的一種外在表現，如同親吻、腹痛、大笑及暈船一般。

一個人的手勢，就如同他的牙刷，應該是專屬於他個人使用的東西，而且，就像人人各不相同，只要他們順其自然，應

該每個人的都各自不同。模仿是笨拙的表現。

　　你們可以想像，個子修長、動作笨拙、思想緩慢的林肯，和說話很快、個性急躁而且溫文儒雅的道格拉斯（Douglas）使用完全相同的手勢，那真是荒謬無比。

　　所以我無法替你舉出任何姿勢的法則，因為一切決定於演說者的氣質，決定於他準備的情形，他的熱忱，他的個性，演說者的主題，聽眾，以及會場的情況。

　　如果一個人如此專心於思考他的要說的內容，並如此急於把他的意見表達出來，以至於他忘掉了自己的存在，談話及舉止皆出於自然，那麼他的手勢及表達方式將不會受人批評。

注意演講態度，良好的態度是推動演講的助燃劑

　　演說的重要部分，不只是字句的運用而已，還包括發表演說時的態度。「你說的是什麼，絕不比你怎麼說重要。」

　　好的演講態度，可以使簡單的事情發揮很長遠的影響力。我注意到，在大專院校的辯論比賽中，獲勝的並不是那些演講題材最好的人，而是演講態度最好的人，因為他可以使他的演講題材發揮最佳效果。

　　現代聽眾，不管是三、五人的商業聚會，或上千人齊聚一堂，都希望演說者能像私底下聊天時那般直截了當的說出他要表達的內容，而其演說態度，也要像他正和聽眾中的某一個人私下交談時那般親切。

你不妨假想自聽眾裡挑出一個人 —— 也許是坐在後座裡的人，也許是最不專心的人 —— 就和這個人閒話起來，想像他問了你一個問題，你現在在回答他，而且你是唯一能回答他的人。他若是站起來與你說話，而你也回他的話，這個過程必然能立即使你的演講更如平時的交談，更為自然，更為直接。

你也許進展得很順利，到最後，你實際的提出問題，並回答他們。例如，你的談話當中，你也許會說：「各位是不是有此疑問：我這麼說，是不是掌握了充分的證據，我現在說明如下……」然後，你接下去回答你自己提出來的這個想像中的問題。這樣做會顯得十分自然，將可打破一個人唱獨角戲的單調局面，將會使你的演說顯得直接，愉快而且更像與朋友閒話家常。

散發熱情，熱情是演講者必備條件

人們總喜歡聚集在精力旺盛的演說者身旁，就如同野雁總喜歡聚在秋天的麥田裡。

但，幾乎所有演講者都會懷疑，自己選擇的題目能否提起聽眾的興趣。只有一個方法保證會讓他們感興趣：點燃自己對題目的狂熱，就不怕無法掌握人們的興趣了。

林肯在華府福特戲院的總統包廂遇刺，距今已有百年。但他的一生，他的言辭，真誠深摯，卻萬古常在。若就法律知識而言，多少與他同時的人遠遠超過他；他缺乏一分優雅、順暢

和精緻。然而，他在蓋茲堡國家公墓，與在華盛頓國會山莊臺階上發表的熱情洋溢的演說，歷史上卻無人能夠超越。

我們去看話劇、電影的原因之一，即是想要見到、聽到感情的表露。我們很害怕自己的感情會當眾吐露，因此去看話劇，以滿足這種感情流露的需求。

是故，當眾說話時，你便會依著自己傾注談話中的熱心程度而表現出自己的熱忱與興趣。不要抑制自己真誠的情感，也不要在自己真實感人的熱情上頭加個閘門。讓聽眾看看，你對談論自己的題目有多熱誠，如此，他們的注意力便在你的掌握之下。

演說者以感情和感染性的熱情來陳說自己的意念時，聽眾很少會升起相反的意念。我說「感染性的」，因為熱情就像那樣。它會將一切否定的相反意念摒棄於一邊。你的目標如在說服，請記住動之以感情比發之以思想成果更大。要激起情感，自己必先熱情如火。不管一個人能夠編造多精微的詞句，不管他能蒐集多少例證，不管他的聲音多和諧，手勢多優雅，倘使他不能真誠講述，這些都只是空洞耀眼的裝飾罷了。要使聽眾印象深刻，先得自己強化自己的形象。你的精神經由你的雙眼而閃亮發光，經由你的聲音而四向輻射，並經由你的態度而自我抒陳，它便自會與聽眾產生溝通。

每次演講時，特別在自認目的是要說服時，你的所行所為總是決定著聽眾的態度。你如果冷淡，他們亦然。「當聽眾們

昏昏睡去時，」有人這麼寫：「只有一件事可做：給招待人員一把尖棒讓他去狠刺講道者。」

所以，僅運用理智，不能在演講中把自己的個性投射於別人身上，必須展露出你對於自己所講的有多深摯的信念和熱情。

採取低姿態

觀眾喜歡謙遜的言行，厭惡自大的賣弄者。演講者自認在智慧或社會地位上高高在上，聽眾一聽便知。

演講者欲得聽眾的愛戴最佳的方法之一，便是採取低姿態。

史蒂文森（Adlai E. Stevenson）在密西根州立大學畢業典禮演講開始時就採取低姿態。他說：「在這些場合裡我總有力拙之感，使我想起一次人家問巴特勒（Samuel Butler）如何善用生命時他的回答。我想他的回答是：『我連如何善用以下的十五分鐘都不知道呢。』我現在對於以下的二十分鐘便有相同的感覺。」

激起聽眾敵意的方法，是把你放在他們之上。當你演講時，就如同展示在櫥窗裡，個性中的每一面都一覽無遺，稍有自誇的顯示便會功敗垂成。而就另一方面言之，謙虛可以激發信心與善意。你可以謙虛，卻不必顯出患得患失、動輒得咎的模樣。只要顯出自己是要盡力講好，何妨略提自己才識有限，聽眾會喜歡你、尊敬你的。

（九）小心頂替，層層推理

有一些辯論者，往往胡亂捏造個歪理，面不改色的跟你硬拗。譬如，他可以這樣說：「豆腐全是四角形。四角形的東西屬於箱子之類，所以，豆腐跟箱子絕似。」

跟他旗鼓相當的人，也可以面不改色的搬出下面的歪理來對抗：「豆腐的顏色是白的，雪的顏色也是白的，所以，豆腐跟雪絕似。」

這兩種三段的論法，所言都有道理，因此雙方堅持不讓，就這樣對峙不已。這就造成無休無止，勝負難定的局面。這時候；你該如何展開辯論，一舉致勝？

你可以在這兩種三段論法上，再配以另一種三段的論法，將對方的理由推翻。下面就是一個例子：

「你說，豆腐很像箱子；你又說，豆腐很像雪。這麼說，箱子和雪必須像才對，事實上，箱子和雪一點也不像。箱子是四角形。雪是白色的東西，所以，豆腐的顏色雖然很像雪，但是，論形狀它卻很像箱子。」採取這樣的方法，這個問題的正確結論才會產生出來。

你必須熟悉辯論的技巧，使其運用極廣。效果強大的歸納法，大加利用。使出歸納法，該如何推展您的論點？下面就是一個例子：

豆腐是好吃的東西。

豆腐是四角形的東西。

豆腐是白色的東西。

豆腐是冷的東西。

豆腐是柔軟的東西。

所以，豆腐一定是把豆做成涼粉或果凍類那樣的東西。

這是把多種事實總括一處的手法，所以，對結論的確立來說，精確度相當的高。

演繹法則是反其道而行的手法。如果遇到上面那種內容，該如何運用演繹法？下面是一個例子：

豆腐是把豆做成涼粉或果凍那樣的東西。

所以，豆腐必然是四角形的東西。

也必然是白色的東西。

也必然是冷的東西。

也必然是柔軟的東西。

也必然是好吃的東西。

前面提到的歸納法的例子，只是提示了它一種型，事實上，它可以運用到更高層次的內容。下面就是一個例子：

聲音是怎麼來的？它是空氣的波動造成的。光是怎麼來的？它是粒子的波動造成的。也就是說，地球上的一切物質，振動時，都有各種不同的波動。演繹法跟歸納法相反，是從它的結論追溯而上，藉此證明想證明的事。萬物振動時發出各種波動。所以，空氣振動就發出聲音。粒子振動就發出光來。

第八章　應對自如，情理交融

　　道理的種類，開頭到末尾，由最好到最壞，真的是三六九等，不一而足。道理有所謂人人皆知，似是而非的謬論，也有乍聽昏然不辨的歪理。但是，智力高強的人，對任何歪理、謬論都能洞若觀火，所以，有人說，從能不能看出道理之內涵，可以測出一個人的智力，這倒不是無道理的話。

　　可要知道，低等貨也好，高級品也好，都夾雜了相當多的冒牌貨，如不具備一眼看穿的眼力，不具備對任何謬論、異論，及時駁倒的辯論力，您將不察內情，被矇混而不知。

　　最容易被矇騙的是「論點的頂換」這一招。請細讀下面的一段話，好好思考論點是怎樣被換了？豆腐絕不是由腐敗的豆造成的。豆腐是把豆放進石臼裡，磨出來的。納豆是發酵、腐敗的豆造出來的。所以，「納豆」就是豆腐。這一類的詭論，到處可見，我可要請問各位，是不是看穿了這一段話裡的詭辯手法？

　　論辯的目的是使自己主張獲得通過，也就是說，辯而必勝。要百辯百勝，就得先精通關於辯論的各種知識。除了那些知識之外，還得精於各種說服的技巧。

　　論辯而勝，有時候並不一定使對方心服口服，這就有可能埋下日後各種禍根，這種一時的勝利，並不是真正的勝利。所以，論辯時必須精於「深層說服術」，務必把對方說得打心底服了您，這才是論辯致勝的最高境界。

（十）破除戒忌，巧服對方

　　雙方論辯，當然免不了各種戒忌，但對方的戒忌太大就造成論辯上莫大的阻礙，不把它除去你就很難打入對方的心。所以，要說服對方，除其戒忌，應列為第一個要務。

如何看出對方對你懷有莫大的戒忌

　　下面是深層心理學家研究出來的判斷要訣：

> 見面打招呼的時候，語氣不含任何感情。

> 當你要確認對方的意思，他卻閃爍其詞（顧左右而言他），用詞亦曖昧不清，令你覺得逮不住他的真意。

> 當話題進入核心，他說話的速度，突然變得比前緩慢了許多。

> 只知跟你對話，絕少發問。

> 對無關緊要的事，反而不斷質問。

> 毫無鬆弛、寬舒的意向，一直保持正經的姿態。

> 談論中，不時把視線移開，而且上下移動。

> 措詞突然變得很客氣，表示起了戒意。

> 坐得很遠，表示心理上有隨時開溜的準備。這種人坐在椅子或沙發上，總是坐得淺，無意中表露了自己的戒心。

> 雙方個性大異時也容易發生戒意。

第八章　應對自如，情理交融

一發現對方有戒意，得馬上發動消除戒意的行動

積極的表示你很「關心他」。

戒意一除，才有進入問題核心的可能，做到這個地步，說服就等於成功了一半。

當然，你不能開門見山的說：「唉呀，老兄，你何必那麼戒意畢露呢？」

這是下下之策，萬萬不能使用。

積極的向對方表示，「我很關心你」，至為重要。論辯時的說服術，就要講究這一點。

為了表示你「很關心他」，你必須先傾耳諦聽對方的話 ── 做個「傾聽能手」，藉此產生親近感。

（十一）知識使辯論更有力量

論辯的基礎，非知識莫屬。沒有知識撐腰，任你淨講道理，對方才不那麼輕易的對您信而無疑。知識和「邏輯」相輔相成，彼此的重要性不分軒輊。問題就在，知識的腦筋跟邏輯的腦筋，截然大異，這一點務必認知清楚。到底大異在哪裡？

知識是靠記憶儲存於腦裡，當有其必要，它就靠聯想這個車輛，把知識從腦裡搬運出來。

邏輯是井然有序的道理，它可以從這些搬運出來的知識，再創更新的知識，然後，又儲存在腦裡。

換句話說，記憶只是把知識「藏在倉庫裡」，邏輯卻可以在腦中把知識再創作。知識以邏輯的再創作後，可以更深刻的烙印腦中。

　　一般人認為，只要把書看得多，那些知識就屬於自己，從上面的說明，當知這是錯誤的（並不是真正的屬於自己）。

　　人，唯有靠推理、判斷，才能把知識完全消化，才能完全把它據為己物。不少人在書架上排滿（裝飾）了琳瑯滿目的書，說什麼「書香滿屋」，認為自己是跟別人迥然有異的知識分子而沾沾自得。我們不禁要發問：他們是不是真的把那些書的內容，據為己有？真的在自己心靈中，產生添血加肉的作用？

　　養成經常推理、分析這種習慣的人，就大不相同。就算書房中只有一本書，只要那本書的內容，勝過萬卷書，它就可以成為知識的基石，從中再創新知識，使它真正的屬於己有。

　　這一類型的人，即使屋中沒有充分的書，由於再創了知識，僅僅那一本書的內容，腦筋就夠充實了。我的本行是「大腦機能學」，這個學問把大腦只知記憶的機能叫作「事實的機能」，從知識中再創知識的作用叫作「推理的機能」。

　　頭腦次於人類的猿猴，具有「事實的機能」，但是，絲毫沒有「推理的機能」。

　　也就是說，邏輯能力是上天只賜給人類的恩典。憑此恩典，人類的社會，在各方面比猿猴的社會優越、卓然，其中的差別，簡直不能相提並論。

第八章　應對自如，情理交融

　　臨危不亂，或臨事而機靈應變，最能發揮作用的，還是非思考力、推理能力莫屬。

　　假設，終夜不睡，傾力看書，窮其一生究竟能看多少本書？

　　當然，您若這麼做，可以吸收到數倍於別人的知識，可要知道，如果那些知識不經消化就裝進腦袋，想必看後不久就忘得一乾二淨。

　　要真是這樣，看一百本、一千本書又有何用？

　　就算那些知識全部被吸收，消化了，世上的知識，浩瀚如海，你消化的知識，又能占它們之中的多少？幾萬分之一嗎？該知之事何其多，窮我一生能知之事又何其少，人，為這個無可爭辯的事實，能不嘆一聲「生也有涯，知也無涯」者幾希。環繞在我們四周的，是窮其終生也無法盡悉的未知的事物，之多，之奧，幾乎是無限的。由於這個緣故，重要的是：「與其知道得多，不如明辨該知道的是些什麼。」這個世界，多的是無用的知識、有害的知識、欺世盜名的知識、卑汙苟賤的知識。對知識精於整理，善於整理，就等於把容量有限的容器——頭腦，利用到極限。眾多學者終其一生專攻一種學問，廢寢忘食的發掘知識的新領域。為了某種小小的發現，他們往往要犧牲其他龐大的知識。由於付出這種犧牲，有些學者就被封為博士，這不是表示他們成為學識博深的知識分子，而是表示他們成為「知識的開拓者」。

（十一）知識使辯論更有力量

「作為一個人，該先知道的知識是什麼？」

然後，逮住那些原理，從中了解更多的事實。唯有如此，才能發生「知一就知十」的作用。這個方法，可使我們在別人看完一本書的時候，發揮出等於看完十本書的效果。不，「知一就知十」的意義，若擴而大之，就產生了跟「知十就知百」、「知百就知千」、「知千就知萬」同樣的結果。

這種頭腦的作用，就有可能使人類有限的知識，擴大到無窮無盡。

換句話說，之所以成為比別人擁有幾千倍、幾萬倍的知識完全是靠這種「知一就知十」的作用而來。頭腦必須具備比較分析、推理、判斷的機能。人類之所以號稱萬物之靈，原因就在這裡。

具有比較分析及推理判斷的人，才有號稱萬物之靈的資格。但是，很多人光是學習的事也懶得記牢，實在離譜太甚。生活過於忙碌是一大原因。可要知道，這種惰性一日不除，人類只有日漸開倒車，有朝一日，就會退化得像猿猴。

人之所以異於其他動物，是因為他們是「會思考的族類」。除非這種懶得思考的積久之疾，一朝棄除，否則人類的特質和價值就蕩然消失。

另外，我們也必須對現代社會的特質有所警惕，那就是：貧富的差距（也就是經濟上品質、等級的差別）日漸拉遠到天文數字的同時，頭腦的差距（知識上品質、等級的差別），也

以進化學的規模，日漸拉遠。

在學校學習的基礎知識，當然有其必要，但是，說穿了，那一類的知識，只要翻閱每天的報紙也可以具備在身。比這更重要的，應該是學校不會教的，最基礎的邏輯性的知識。

作為一個人，想在這個競爭日趨激烈的社會生存下去，萬不可失去這種邏輯性的能力。

一個人，一旦喪失了這種能力，在任何聚會、任何討論、議論、論辯的場合，提出任何主張，將缺乏一語萬鈞的說服力。而目的難遂之時，看你如何卓然有成？

要清楚的說，光是擁有靜如死水的知識，並不值得驕傲，遑論拿它傲視眾生。

一般認為，有知識的人當然比沒有知識的人值得自豪。但是，若只是擁有靜如死水的知識，那又跟沒有知識的人，有何差別？孟子「梁惠王上篇」說：

「………兵刃既接，棄甲曳兵而走，或百步而後止，或五十步而止，以五十步笑百步，則何如。曰不可，直不百步而已，是亦走也。」

這種「以五十步笑百步」的現象，很可以拿來形容前面所說的「有知識並不比沒知識有何差別」的事實。

所謂知識，只要你有那種求知的意願，查查字典，看看書，立刻就手到擒來，這種人人做得到的事，有何稀奇？人，

足以自豪的應該是「搶先曉得別人不曉得的事」。

這就跟登山家不惜賭注生死，決意攀登人跡不至的山峰那種心理絕似。

登山家只有攀登誰都沒攀登過的山，才能獲得實質的名譽。

一般人常對爬山者何以不顧生死、艱難，不斷向千仞絕壁挑戰的事，感到不可思議。如果問他們為什麼做出這種看似毫無益處的行為，他們的回答一定是：「因為那裡有一座山，所以，非征服它不可。」

同理，科學家也會說：「埋頭研究看似一無益處的事，是因為對它感到疑問，所以，非把它究明不可。」

由於有了疑問，所以，向它挑戰，真理終被發現。

反過來說，若有某種「假設」，經實驗而被證實（即使只是證實了那麼一次），那個「假設」就被公認為一種真理。因為，但憑日常生活的經驗無法證實的「物理學上的法則」，只要有一次實驗宣告成功，就被當作證實了真理的「正當理由」。

所謂真理，由於具有不偏不倚的性質，一次實驗若告成功就等於連做幾次，結果亦雷同。

要是不出現同一結果，它就不再是真理了。

第八章　應對自如，情理交融

第九章　詭謬假罵，論辯忌諱

第九章　詭謬假罵，論辯忌諱

（一）勿以詭辯作雄辯

有專家學者認為：應該將詭辯看作一種論辯和交談中的常用的方法，對這種現象展開科學的研究，而不能一味的予以貶斥。現在，要提高個人乃至全社會的論辯、交談水準，必須要從方法論上將詭辯和雄辯作一個科學的界定。如果將兩者混為一談，將雄辯當作詭辯，將詭辯當作雄辯，這樣都不利於我們論辯水準的提高。

在這裡，我們可以看一個流傳較廣的例子，從而具體的分析將詭辯當作雄辯的錯誤出在何處。

有一位退役軍人婚後上大學了，但是大學一畢業就提出離婚，他的理由是：「她教育程度低，我和她沒有共同語言，我難道不需要去尋找真正的愛情？」對於這一要求，許多書的觀點都大同小異，對此持以駁斥的態度。這裡舉出其中一書中的觀點加以分析：

有一本書是這樣寫的：「請你掩卷思考，如果你是法庭調解員，如何駁斥這位軍人呢？」

這本書所附的答案及提示是這樣的：

- ➢ 他認為大學畢業，與自己的妻子在文化知識方面有了差距，就沒有了共同語言。
- ➢ 沒有共同語言，就意味著失去了愛情，需要去尋找真正的愛情。

（一）勿以詭辯作雄辯

> 如果再結婚後，他成了研究生呢？是不是再離婚，再去尋找他的真正的愛情呢？

> 假如過幾年他當了講師，升了副教授，再升為教授，成為國內外知名的專家……那得再尋找多少回「真正的愛情」，結幾次婚呢？

將上文的四個要點「分析」作為雄辯的例證，是不正確的，至少也是不成功的。仔細咀嚼，就會發現有如下幾點不妥之處：

首先，從上段資料看來，這位軍人大學一畢業就提出和妻子離婚，其原因可能有如下兩種情況：第一，以前夫妻兩人感情一直很好，現在地位變了，喜新厭舊，就以沒有了共同語言來作理由，拋棄結髮妻子。第二，是雙方在此之前就沒有了共同語言，或者兩人之間並不是非常了解，現在夫妻之間的感情距離越來越大，都不願意共同生活下去。對這兩種情況，前一種是屬於人的思想素養太差，後者則沒話可說。然而這位軍人提出離婚，究竟是因為前者，還是後者呢？這需要我們做全面的了解才能做出結論。與此同時，還需要看到這樣一點，不管他是屬於前一種情況，還是屬於後面這種情況，向法院提出申請離婚，都是無可非議的，這都是他行使他作為公民的最基本的權利。可以說，這是合法的，是依法辦事。上述觀點的持有者要求法院調解人員在對案情缺乏前因後果的系統了解的情況

193

下，就認定「這位軍人不好」，要求「法庭調解員駁斥他」，這明顯的帶有主觀臆斷性，不是科學的論辯方法。

其次，上述論辯中提出：「如果再成為研究生，當了講師，副教授……」這一推論更是帶有明顯的主觀臆斷，強加於人的特點。法庭接受案件，一般情況下，只就案由或者案件「標的」問題進行審理，也就是說，法庭只受理這位軍人眼下的「離婚」的請求，至於他今後是否因地位變動而變動婚姻，是否將進而遊戲人生，沒完沒了的進行離婚、結婚，這與現在依照法律提出離婚的請求沒有絲毫關聯。如果法庭僅僅依據「大學生畢業要求離婚」這一現象就認為他「將來地位變動一次，就要離、結婚一次」，無論這種推理還是他的結論，都是虛假的，都不可能成立。假如再一次以這個虛假的結論為前提轉而否定這位軍人的離婚要求，就是更加推論錯誤了。如果按照這一思維模式進行調解，不僅難以說服對方，而且在法律上也可以認定這種調解是沒有法律效力的。

不難想像，如果現實生活中果真有這麼一位軍人，他斷然，是會不服而上訴的。他完全可根據法理來做出這樣的上訴，在此不妨模擬其反駁要點如下：

第一，（軍人）我不否認，生活中的確有因為地位發生了變化就拋棄糟糠之妻的「陳世美」之流。但是，作為法院調解員，你能因為生活中有過這種現象，就認定所有的要求離婚

者都屬於這種情況而一概否定嗎？這是不是犯了以偏概全的錯誤呢？

　　第二，我要求離婚沒有犯法。法律沒有這樣規定：「凡大學畢業者皆不得向其妻提出離婚要求。」認定我要求離婚是錯誤行為的法律依據在哪裡呢？

　　第三，我至少在可能的範圍內有這種預見，不打算考研究所，當教授更與我無緣，所以，你的推論是根本不可能成立的。退一步說，縱使我將來一次次的離婚、結婚，只要不是重婚、騙婚，就沒有違法，我有什麼罪過呢？你依據我是大學生畢業提出離婚就斷定我將來也會一次次的離婚、結婚，已屬虛幻之說，進而又根據這一虛幻的結論來否定我一次行使的合法權利，豈不荒謬？

　　由此可見，這位調解員的正確作法是一個完整的「先調查後調解」的過程，即不應該像前面所述的輕易下結論。首先，調解員應先調查雙方的全部感情歷史（包括軍人在部隊期間的雙方感情發展狀況及婚前的戀愛過程），進而確定雙方究竟是原先感情很好，而現在這位大學生一時移情於他人，還是原先感情就不鞏固，這位軍人久懷離異之心。現在只不過是時機成熟了而已。如果是前一種情況，則可以對其進行教育；如果是後一種情況，則可以支持離婚。至於「將來當教授」之類的問題，也是可以說的，但只能作為調解過程中作為一個忠告而

已，一個防微杜漸的提醒，而不能作為判決的依據。如果這位軍人在法庭調解後仍然堅持離婚，作為法庭調解人員，就應該看到，移情他人固然是不道德的行為，但是要求離婚則是公民個人的權利，沒有違反法律，此時就應該轉而勸說女方不要過於痴情，並最終裁定離婚。

綜上所述，如果我們在日常語言交流中不能努力對雄辯與詭辯達到自覺的掌握，往往在很多情況下和很多場合裡誤將詭辯當成雄辯而加以褒揚，很可能就會模糊了兩者的界線，這一點要引起我們的高度重視。

（二）忌諱以謬誤當詭辯

謬誤是什麼？謬誤就是人們在語言交流過程中，利用與詭辯相似的形式特點來論證的一種常見現象。它在辯論中，常常被人們當成詭辯，實際上兩者有本質的區別，絕不可混為一談。

謬誤是早起源於古希臘哲學家亞里斯多德（Aristotle）。他對謬誤進行了分門別類，條分縷析的研究，並寫出了專著《辯謬篇》一書。在這本書中，亞里斯多德將謬誤分成兩類：依賴於語言的謬誤，和不依賴語言的謬誤。到十九世紀時，英國有兩位邏輯學家理查·華特利和彌爾（Mill）又對謬誤進行了詳細的研究和論述。華特利將謬誤分成兩類：邏輯謬誤和非邏輯

（二）忌諱以謬誤當詭辯

謬誤；彌爾又把謬誤分作「起自簡單考察錯誤」和「推理的謬誤」兩大類。他們的研究都豐富了謬誤理論，推動了對謬誤的研究。

謬誤實際上可以分為兩大類：主觀謬誤和客觀謬誤。客觀謬誤，指的是在對客觀世界的考察中，由於我們手中掌握的資料的局限性，導致對事物的認知發生了錯誤；而主觀性謬誤則是指人們在認識事物的過程中，因為主觀分析和推理等思考活動的能力的局限性而導致的謬誤。我們在這裡可先舉例分析如下：

《警世通言》中有這樣的一個故事：據說宋宰相王安石一天作了一首〈詠菊〉的詩，它的開頭兩句是這樣的：「西風昨夜過園林，吹落黃花滿地金。」恰巧被來訪的蘇東坡看到了，他覺得很不自然，因為他從未見過菊花被風吹後，花瓣落了滿地的景象。於是，他提筆續上兩句：「秋花不比春花落，說與詩人仔細聽。」王安石見了續詩，知道蘇東軾未曾見過落瓣的菊花，於是調他到黃州當團練副使。東坡在黃州為官，秋天重陽以後，到花園賞花，見菊花棚下，滿地鋪金，枝上全無一片，不由得大吃一驚。

這就是客觀性謬誤的典型例子。在我們的生活中，這樣的例子是很多的。一有句俗語說：「天下烏鴉一般黑。」已約定俗成的不知傳了多少年。實際上，目前人們已經發現了白烏鴉，換句話說，「天下烏鴉」其實並不是「一般黑」的。

第九章　詭謬假罵，論辯忌諱

　　至於主觀性的謬誤，則有這樣一個例子：

　　英國有位名叫波以耳（Boyle）的人，他在遺囑中提出：誰能用「科學」的方法來證明上帝的存在，就以 50 英鎊的年俸作為酬勞。牧師被選為第一個宣講的人，他在講道中運用了牛頓的《自然哲學之數學原理》一書。於是，他向牛頓提出了一些問題：太陽系最初是怎樣運動的？行星又是怎樣從靜止到運動的？牛頓回信給他說，按照萬有引力定律：「地球和太陽之間存在著引力，但是，如果僅僅存在著引力，地球就會被吸引到太陽那裡去了，而不會按照目前的軌道運行。所以，還必須有一個大小適當並使之沿著切線方向運轉的橫向推力，只有這個推力和引力的相互作用，才能使地球圍繞太陽作圓周運動。」那麼，牛頓的這個切線力是怎麼來的呢？牛頓這樣說：「沒有神力之助，我不知道還有什麼力量竟能促成這種橫向運動。」不僅地球，「各行星的繞日轉動不可能由重力得來，而且需要有神力來推動。」

　　牛頓在自己無法解釋自然現象的時候，就轉向上帝尋求「動力」，就屬於主觀謬誤。在生活中，像這類例子不勝枚舉。如以宗教信仰為例，無神論者往往宣揚有神論者是一派胡言的詭辯。但是，在有神論者中，除了一批反對無神論是詭辯最堅定者外，還存在著這樣一個數量極為龐大的，雖不一定會用「無神論」來進攻「有神論」，但卻也同樣是至誠至信的信

（二）忌諱以謬誤當詭辯

奉者群。準確的說，從無神論的角度來看，這些人的觀點至多只能算是謬誤，而不宜輕易斥之詭辯。

我們仔細將上述二例與邏輯學意義方面的詭辯進行對照分析，就不難看出兩者之間的異同點：

從語言形式上看，謬誤與詭辯一樣，往往也具有「以偏概全」、「前提虛假」等一系列特點，如斷言「天下烏鴉一般黑」，從方法論而言，屬於那種「以偏概全」（否定了白烏鴉的存在）；又如波以耳原要求證實上帝的存在，而牛頓的答覆則是：「有神力推動各行星繞日轉動」，就是以「有待證實的結論」，並以作為立論的前提。「神力」推動就是「虛假前提」……因為上述例證中可以看出來，謬誤往往也具有詭辯的一般特點，因而，謬誤非常容易被我們把它與詭辯混為一談。同樣的道理，我們也可以引出一結論：具有「以偏概全」等特點的論辯不一定是詭辯。

謬誤和詭辯，在主觀上認知與客觀實際發生偏差這一點上，是完全一致的，但兩相比較，詭辯常常是有意識的、故意進行的辯論，而謬誤則是無意識的發生的。就是說，詭辯者是出自某種主觀目的而故意詭辯，其實他心裡也往往並不認為所說的是正確的。從這一點看來，詭辯者常常是「心口不一」的。而謬誤，則是誤將錯誤當作真理而發生的。換句話說，他心裡就是這樣想的，口裡也是這樣說的。從這一些看來，謬誤

表現出「心口如一」的特點（這一點和堅持真理者是一樣的，兩者只是在所堅持的內容上有所差別而已；堅持弄虛作假者是「口是心是」——心口如一，但堅持的是真理；而持謬誤者是「口非心非」——心口如一，但堅持的是錯誤），如蘇軾對王安石〈詠菊〉詩的批評，是他確實認為王安石的詩寫錯了，而並不是因為他出於某種需求，存心要歪曲王安石的意思。

謬誤和詭辯還有一點差異：一般來說，詭辯者即使在理屈辭窮的情況下，也往往寧可三緘其口，也不會認錯的；而謬誤者則往往在真理面前承認和修正錯誤。不難想像，蘇軾面對「滿庭金黃」的事實，絕不會再認為王安石的詩是錯誤的了。而身為自然科學巨匠的牛頓，如果能有幸使用當今最先進的科學儀器，再加上他的三大定律，就不會再堅持相信上帝的存在了。

在謬誤和詭辯之間，還有一點本質區別，即詭辯是一種論辯和邏輯方法，只要人們之間有語言和思想的交流，它就有可能隨時被利用採納。而謬誤，則無論是客觀性還是主觀性的，都是人類在認識、征服世界過程中不斷摒棄的東西。

由於人們認識世界的過程是一個逐步發展、逐步前進和逐步提升的過程，而其中謬誤總是難免的。因此，在研究詭辯時，把混雜於其間的謬誤「分離」出來，單獨認識它，對我們更為準確的認識和掌握詭辯，是很有用處的。

（三）反駁論證忌「以假代真」

在論辯中，假言判斷是經常被使用的邏輯論辯方法，因為它是肯定或否定某個觀點的有力推理形式。但在運用假言判斷的過程中，我們應該注意的是，有些假言判斷貌似正確，實際上是錯誤的，虛假的。我們可以將這種虛假的假言判斷稱之為「以假代真」。「以假代真」的現象，具有一定的市場，論證者用之，反駁者也用之。誰用之，誰上當，我們要提高警惕，盡量在辯論中少犯甚至不犯這種錯誤。

某學校曾經用這個題目 ──「能力培養是否比知識學習更重要」舉行了一場辯論賽。正方在辯論賽中說：「一個人如果光有知識而沒有能力，那麼又將如何實現知識的價值呢？」反方用同樣的方法來反駁：「一個人如果光有能力而沒有知識，那麼又將怎樣發揮其能力的作用呢？」雙方你來我往的辯論了大半天，在這個意思上糾纏不休，最後沒有也不可能得出結果，只好不了了之。其實，在他們雙方所使用的假言判斷中，其前提都是假的，無論一個人對知識和能力有怎樣偏頗的理解，他絕對不可能光有知識或光有能力。知識和能力性質決定了他們兩者不可能無絲毫關聯的分開，它們是緊密相連的，不能截然分開，而且人的社會活動也決定人不可能光長才幹或光長知識。上述辯論都試圖用假設知識和能力的分開，是虛假的，不能成立。

第九章　詭謬假罵，論辯忌諱

　　這種時候，高超的辯手就在於能夠放棄這種無效的假言判斷來論證觀點，而應及時的揭露對方辯論的漏洞，為自己的觀點的正確樹立觀點開闢另外的道路，那麼將把辯論帶到一個更高的層次。從而能夠否定對方的觀點，扭轉戰局，戰勝對手。如果像上述辯論那樣陷入這個井裡跳不出來，那麼不但不能獲得實質性的成果，反而將辯論引得更加模糊。

　　無論是在辯論賽中，還是在我們的現實生活中，這種「以假當真」的現象特別是屢見不鮮的。

　　某大學浪費糧食現象特別嚴重，一位老師批評這種現象時說：「這些同學沒有好好的想一想，如果每人每天浪費一兩糧食，我們學校 3,000 人，每天就浪費 180 公斤糧食，每年全校就會浪費 5 萬公斤，如果幾億人口都像我們學校的這些同學一樣，那麼一天將浪費 5,000 萬公斤，一年就是 180 億公斤的糧食，這是一個多麼驚人的數字啊！」這個分析從邏輯上看，是沒有錯誤的，但是從現實生活來看，卻是虛假的，因為它沒有一個正確的前提。不可能全校每個學生都像那些人一樣一天浪費一兩糧食，更說不上幾億人口每人每天可能浪費一兩糧食！所以這樣的話聽來很少有說服力，聽者只好莞爾一笑，不予理睬。

　　又如，在表揚某同事的創造精神時，號召大家向他學習，某主管說：「如果我們這裡的同事，都像某某某那樣，動動腦筋，創造發明，把工作效率提高一倍，那麼我們的生產產值不就可以翻倍，我們的薪資獎金不也就可以相應的提高嗎？」類

似等等，所有這些證據，都是不值一駁的，即使用來說教，也只能嚇唬那些沒有邏輯知識的人而已，而對那些有點思考能力的人是沒有說服力的。

「以假代真」之所以存在市場，是因為它有兩點可以用來迷惑群眾。具體分析如下：

以「純」代「雜」

事物是複雜的，不像人們想像得那麼單純，可是有人硬把複雜的事物賦以單純的性質。如本文中的例子，知識和能力本來就有相輔相成的關係，而你硬把它們割裂開來，對立起來，這就脫離了事物的本來面貌，就是「以假代真」了。可是知識和能力又是兩碼事，是兩個不完全相同的概念，因而把它們割裂開來，似乎是真的了，這就是人們被迷惑的原因之一。

以「偏」代「全」

有些事物，作為個別（或部分）事物的性質是正確的，但是作為整體事物的性質卻是錯誤的。把個別事物的屬性偷換到全體事物上，用事物的種概念來代替事物的屬概念，以個別指代全體，當然是不正確的。例如在邏輯學中有這樣的一則三段論：

政府人員是為人民服務的。

老張是政府人員。

所以老張是為人民服務的。

初看，這則三段論好像是正確的推理，實際上是錯誤的，因第一個「政府人員」是一個屬概念，是一個類概念，即集合概念，它指代的是所有的政府人員的這一群體，而第二個「政府人員」則是一個單獨概念，僅指老張一人。在此，「政府人員」這一概念的內涵和外延都已發生了變化，已經不是同一概念了。這類以假代真是比較複雜的，要具有邏輯專業知識的人才能發現其錯誤。「以假代真」可以迷惑群眾，往往也可以迷惑我們自己。我們論證時之所以選了個「以假代真」的論據，就是沒有識破他的廬山真面目；而反駁者之所以都被迷惑，也就是因為被其貌似嚴密的推理形式所折服，而沒有追究其前提的真假所致。

這就告訴我們，不論在交談還是論辯賽場上，如果用假言判斷論證或反駁時，一定要樹立認真的嚴謹的態度，仔細考察一下假言判斷的前提的真實性，否則，自食其果，悔之晚矣！

（四）忌諱向對方進行人身攻擊

在辯論中，很容易看到某些使用人身攻擊的現象。所謂人身攻擊，是指在辯論中，抨擊辯論對方本身與論題無關的問題，以攻擊個人問題本身來代替辯論問題的討論。

當達爾文的進化論學說已經傳播開來時，英國教會召開了一次有名的會議。會議進行到最後一天時，一位主教為挽回敗

局，對赫胥黎（Huxley）進行了人身攻擊，他說：

「赫胥黎教授就坐在我身邊，他是想等我一坐下來就把我撕成碎片的，因為照他的信仰，他本來是猴子變的嘛！不過，我倒要問問，這個猴子子孫的資格，到底是從祖父那裡得來的呢？還是從祖母那裡得來的呢？」

這是一種典型的人身攻擊，主教不是在討論問題，而是企圖侮辱對方。而赫胥黎這樣回答：

「我斷言——我重複斷言：要說我是起源於彎著腰走路和智力不發達的可憐的動物，我並不羞恥；相反，要說我起源於那些自稱是很有才華，社會地位很高，卻胡亂干涉自己所茫然無知的事物，任意抹殺真理的人，那才真正可恥！」

日常生活中，常常可以看到一些詭辯者在沒有理的時候，便轉而求助於人身攻擊，如指責對方口音不準，姿勢難看，說話語氣太硬或挑剔的說某字詞不合語法……總之，只要離開辯論的問題本身，議論與辯論無關的問題，從邏輯來看，都是屬於人身攻擊，都是不合辯論和人們的語言習慣的。

作為說話者本身，當然應注意說話態度，只有通情才能達理，理直又要氣和，而絕不能抓住某點道理不饒人，轉而進行人身攻擊。但作為聽話者這方面來看，也不應該過分強調別人的態度，因為，最終來說態度不能決定觀點是否是真理。

人身攻擊是完全錯誤的，它不過一種謾罵。魯迅先生曾說過，「謾罵絕不是戰鬥。」謾罵只不過是辯論者軟弱無力的表

現，真正的辯才是以理取人，以智取人的，而絕非依靠這樣的本領。有理可擺，有話可說。謾罵不僅使對方受到侵犯，嚴重時在法律上也是不允許的，並且也使自己的威信一掃而光，無論對方聽眾都會以無能之輩而視之。正如法國有一句格言說：「罵人是無理者的道理。」自知理虧講不出道理，卻不肯認錯，轉而用人身攻擊的方式，拉大嗓門和人家硬拚，就只好借助於謾罵和侮辱了。總之，當威脅和潑婦罵街式的詞語在辯論中經常使用時，真理便不在其中了。

第十章 金戈鐵馬，辯鋒犀利

（一）利如剃刀的辯鋒

　　論辯是人們常用的、最正當而且最有效的武器。武器的種類很多，使用的方法當然各有不同，它的利鈍也因武器而異。語言何嘗不是如此？如果對它的用法渾然不知，再好的武器也發揮不了應有的效用。

　　我們的話語，有時候也像剃刀那樣快利無比，有時候也像長矛那樣，足可穿人胸脯。說到武器鋒利的情況，可真是各具異趣。

　　有的是可以廣為通用，其利如小刀；有的是足以把一個人斬成兩截，其利如武士刀；有的是可以把巨木兩斷，其利如鋸；有的是可以穿堅砍固，其利如斧。

　　事實上，操剃刀，頂多只能裁紙、削筆或是刮刮鬍子而已。

　　要切、割、砍、斷龐大或是堅硬的東西，使用其小如剃刀的玩意，必不能遂願。拿武士刀來說，即使揮斬有術，面對參天巨木，怕也戛戛乎稱難。

　　砍巨木，就必須有鋸、斧那種鋒利，但若拿鋸、斧來刮鬍子，那就不對勁到了極點。

　　語言也是一樣，鋒利的情況參差不一，有的是利如剃刀，有的是利如武士刀，有的是利如斧頭，各有相異，就如人類的面貌，迥然各異。

至於哪一樣鋒利才好，因各人的立場和工作場所的不同，而大有變化，不能一概而論。

有一點倒是不能不知的，那就是：小不能兼大，大可以兼小。

也就是說，剃刀不能砍巨木，斧頭卻可以裁紙、削筆（雖然使用起來格格不入，但是，終可達到裁、削的目的）。如此推論，當知語言的鋒利，與其是剃刀，不如是菜刀；與其是菜刀，不如是武士刀；與其是武士刀，不如是斧頭。

因為，使用斧頭可以完成較大的事，使用剃刀就無法完成較大的事。這也就是大可兼小，小不能兼大的道理。話是這麼說，如果用法得當，剃刀小則小矣，卻超過武士刀的效用。

總而言之，武士刀也好，剃刀也好，要是不鋒利就百無一用，完全失去了它們本來的價值。說到這裡，就有必要先解釋：「什麼才是鋒利的語言？」

（二）寸鐵可以致人於死

經常說話的人，腦筋就會得到磨練。

然而話說回來，語言如果使用過度，又會出現麻煩，不是有句俗話說「過猶不及」嗎？這就是說，語言若使用過度，效果反而大減。

「寸鐵可以致人於死」這句話說明話若簡潔，但悍氣十

足，就會產生不能抵擋的力量。語言的用法是否妥當，就要從這一點來衡量。

一言以蔽之，話要說得恰到好處。

比這更要緊的，倒是發表演講的時候，腦筋如何與之配合，使之產生最好的效果。

因為，同樣是一把刀，如果技巧奇劣，原是可以一砍兩斷，卻變成數砍不斷；如果技巧奇佳，原是數砍不斷，卻變成一砍兩斷 —— 產生意外的效果。

練過功夫的人，可以用紙捻兒（搓紙而成的繩索狀物）把木筷子劈為兩半。

又如，修行者可以在刀口上，從容踏過，腳心卻一無損傷。

也就是說，柔軟如紙，也可以用來劈木，銳利如刀口，有時候也無法傷及腳心。

這裡說明了一個道理：

平時明敏果斷，腦筋奇佳的人，有時候也無法暢言心中所思的十分之一的事。

又，平時拙於言辭，說起話來結結巴巴的人，有時候會突然滔滔而言，大展辭才無礙的一面。這種現象到底是因何而起？

（三）善於運用巧言辭令

　　一個人就算腦裡打轉的是無與倫比的好構想，要是不把它變成語言向別人述說，或透過文筆向別人說明，再好的靈感、構思也會不了了之，到頭來等於零。可以說，儘管一個人很聰明，要是語言表現技巧是零，他就無法把所思所想恰到好處的表現出來。

　　又，並不是拙於口舌，但在某些時候、某些場合，無法暢言心裡想說的一半話，論結果就等於「擁有實物卻白白糟蹋」，實在令人惋惜。

　　笨嘴拙腮，或是言語不足，即使有十分靈敏的腦筋，也會陷入無用武之地。這無異持有不發火的子彈，中看不中用。總而言之，「說話」技巧扮演著決定性的角色，著實不能小看。

　　在辯論場合，語言分為兩大類，其一是攻擊的，另一是迎擊的。兩者同樣是武器，但是，攻擊的時候必須具有撼動對方心魄之力，迎擊的時候必須具有摧毀對方論點之力，否則都難以成功。當彼此相談，發展成爭論的局面，這時候足以左右大局的，與其說是巧於言辭，或是拙於言辭，不如說是腦筋能否反應靈敏，應付有術。

　　什麼時候該使出怎樣的招數，下面將逐項詳述，這裡特別要提醒的是「擁有語言這個武器的人，他精神上的架勢如何」便是決定勝負關鍵的事實。

一個人，當他手持武器而戰鬥時，必須在精神上有何準備？有何架勢呢？以言辭與他人辯論之時，就非有同樣的心理準備不可。缺了它，你只有曳兵而奔，棄刀而逃。

（四）心理準備重於巧用言辭

古時候，那些浪跡江湖的劍客，到底抱著怎樣的心境去出生入死？在日本，婦孺皆知的劍聖——宮本武藏，之所以練到劍心合一，不曾落敗，完全是傾注全副精神，修練「克敵之前，先克己」的祕技所致。他把「克己」看得比如何用劍更為重要。所謂克己就是「戰勝自己」，也就是「莫輸給自己」，拿現代心理學的說法，輸給自己的狀態就叫作「心理的內攻」。

以一般的說法，「內攻」就是喪失鎮靜，或者說「膽怯」——站在人前就渾身不對勁，譬如，冷汗直流，語無倫次，全身哆嗦，滿臉通紅之類——這是我們在日常生活中常見的事。

有些人在宴席上致詞，突然擠不出半句話來，或是心一慌，說得支支吾吾，冷汗直冒；有些人在情人面前就臉紅耳熱……這就是心理上奇妙的風暴現象。

這種心理的風暴，到底原因何在？

心理上的內攻，是怎樣一個狀態？為什麼會發生這種現象？我們常常說：「唉，心一慌兩眼就發黑，什麼都說不出來了。」

這個「心一慌（膽怯）」，就是心理上遭到內攻時候的狀態之一。

那些被選為奧運選手的運動驍將，往往也因怯場而無法發揮較好的水準。

腦神經越發達的人，內攻的程度就越甚。我們常說，某某人神經太粗，某某人神經太細，這不是說神經真有粗細之分，而是指它的遲鈍（神經粗）、敏銳（神經細）而言。

遲鈍表示腦神經的傳達速度緩慢，銳敏則表示腦神經的傳達速度快捷。

神經敏銳而又具有足堪搭配的大腦，那就最為理想。問題就在，一般人的情況，是神經敏銳，但是大腦的作用無法與之並稱，因而惹起神經質、敏感症之類的精神障礙。

運動選手之所以必須具備敏銳的神經，以及清醒的頭腦，道理就在這裡。

即使體格很棒，若缺少敏銳的腦神經，這個人充其量只能從事勞力為主的工作，不可能成為頂尖出眾的運動選手。

敏銳的神經，具有促使肌肉快捷因應的好處，同時，更具有壓倒大腦的負面──這種現象就是所謂的「心理上的內攻」，亦即前面提起的「心會慌」、「人會怯場」。

平時，我們即使無所感覺，無所思考，不，甚至沉沉而睡之時，大腦也在「不隨意」的活動。這種意識活動，只有撒手而亡的時候才會停止，也許，你會反問：

「睡覺時意識不是消失了？」

錯了，即使入睡，大腦還是自顧自的做夢，不斷活動著呢。或者你又要辯說：

「我並不做夢，這不就表示睡覺時意識暫失嗎？」

你又錯了，「不做夢」的事實上只是「不記得做過夢」罷了。

即使做了一火車的夢，要是清醒之後不復記憶，論結果實在很像未曾做夢，事實上，這是一種錯覺。也就是說，你「睡得很沉，沒做過夢」，追根究柢，絕非「未曾做夢」，你只是對做過的夢，「不復記憶」而已。

由於某種衝擊而昏厥，或因麻醉而昏睡時，情況亦如出一轍。簡單的說，睡眠就是指截斷了你身心之間的關係這種狀態而言。你的心靈由於不再受神經和大腦的支配，得以鼓翼翱翔於意識這個無邊無際的世界。這就是道道地地的「夢」。

當你將醒未醒，心靈又受到了大腦的支配，那一部分的夢就此烙印在大腦。當你完全清醒，事後，你就把它當作「夢」來回憶。如此說來，你認為「我做了什麼夢」的那個「夢」，說穿了，只是所有夢境中的一小部分而已。對這一番說明，想必你不會遽而置信。

你一定辯說，「哪有這種事？這麼說，睡眠不就毫無效用了？累極而睡，卻整晚還在做夢，腦筋哪有歇息的時間？」

這一點，你倒可以放一百個心。夢，是大腦最小限度而且是不隨意的活動的狀態，性質上，跟由生到死從不休息的肺臟、心臟的作用，毫無兩樣。

所謂「頭腦感到疲累」，不是由於它在肆意活動，而是由於人的心逼使它活動過度所致。

有一種檢查頭腦機能的儀器叫作「腦波檢驗器」，用它測驗頭腦機能的強度，您將發現即使是熟睡的時候，每秒鐘仍會出現兩、三次有規則的腦波。把受測的人喚醒之後，您將發現腦波會突然增為每秒鐘多達十到十五次。

要是讓受測的人參與討論，使之思考，腦波就呈現每秒鐘約莫起伏三十次的小波狀。

這件事證明：人，不管睡得有多沉，大腦還是活動如故，也就是說，大腦任何時刻都有所意識。

睡眠時候的腦波，跟思考時候的腦波，兩者相差十倍以上，這表示睡眠中的頭腦，把機能降低為十分之一，這個用意並非趁此消除疲勞，而是趁此貯存精力。

人，一旦死亡，腦波就不復出現。這就是說，頭腦的機能即使在昏厥或昏睡、熟睡之時，還能保持平時十分之一的作用。

情感被刺激，跟「心慌」到底有什麼關係？答案是大有關係。

刑警問案時使用一種工具，叫做測謊器。這實際上是一種腦波檢驗器。

在嫌疑犯身上安裝這種器具後，向他發出一連串的問題。要是據實而答，頭腦就無須太過思考（可以順口一一回答），所以，腦波也徐徐的、有規則的出現，要是稍動腦筋打算說些有違事實的話，或是因猶豫而腦筋一片混亂，或是急於逃出那種困境而心慌意亂，腦波就突然呈現凌亂不已的小波狀。

刑警就根據腦波的走勢，判斷所言是真是假。對膽大而且厚顏無恥的人使用測謊器，並不管用。因為，他會從容撒謊，腦波也測不出真假。心慌意亂的時候，也會產生與此雷同的現象。心慌或怯場，是指抑制對方的心理狀態而言。

人的意識很複雜，它包括了緣自性格的眾多情感、欲望、思想，它們不斷交織，片刻不得安寧。這種不隨意的活動的頭腦機能，一旦受到某種震盪或刺激而突然劇烈高漲時，要想抑制，已是回天乏術了。這時候的腦波，就很可能高達30次了。

（五）勝己則足以制人

從體質上說，容易心慌、怯場的人，腦神經都異常敏銳，始終處於緊張兮兮的狀態下。

除了睡眠的時間，神經就像樂器的弦，終日繃得緊緊的，只要稍一觸及，就「樂聲」大起。對外界的刺激，反應之敏，

之快，一至於此，其緊張的程度實在不難想像。

這種人，只要是眼之所見，耳之所聞，手之所觸，對外界來的一切刺激，無不敏感的捕捉，搞得頭腦沒有片刻的安寧。更糟的是經常被不著邊際的心思，綁得逃逸無術。

看他的外表，猶若無所思，其實，凡心卻思緒翻滾，難以平靜。這一類型的人，在談話、看電影（把注意力集中於某件事）之時，反而能夠使腦筋不至於太勞累。

由於對外界的刺激太敏感，使他應付無策，所以，即使靜靜的坐在那裡，腦裡還是雜念如雲，湧現個不停。

拿帶刃的東西為比喻，這種人就像剃刀，明敏果斷之處，旁人無可企及，可是，臨到必須有所行動，往往緊張過度而心慌、怯場，發揮不出平時的一半能力。這種人，靜坐思考，總會發揮出超眾的能力，可是，要他啟口陳述，卻說不出想說的一半話來。

這就是說，神經的緊張帶來的內攻（內向）狀態，逼使他的鋒利氣勢，蕩然喪盡。

由此可知，內向型的性格，對一個人的起而談說，有莫大的阻梗作用。

話是這麼說，內向這種性格，絕非壞事。

內向型的人，多的是天性良知、戒心強、肯反省，富於智性，所以，為人內向，並不可恥。

第十章　金戈鐵馬，辯鋒犀利

　　內向性格特別強大的人，如果以詩人的身分度其一生，還不至於怎樣，但要在生存競爭日趨激烈的現代社會中，由於拙於話術，表現力大打折扣，損失之大，可真是無可測度。你的「內向度」到底有多少？對這，實在有必要測試一番，進而對症下藥，使你的弱點一掃而光。

　　心慌而怯場，是內向性格症狀之一。不但在運動上，在任何時間、地點都會發生使人心焦不安的現象，這種狀態一旦變成慢性，我們就稱他為內向性格的人。

　　這種內向狀態來自三方面：

- ➢ 由於極度緊張。
- ➢ 由於欲望未遂，得不到滿足。
- ➢ 由於精神無法保持均衡。

　　因極度的緊張而來的內向症狀，包括前面提起的心慌、膽怯以及臉紅症、失語症等等，都屬於激烈的心理狀態，有這種症狀的人，一定要設法矯正才是。

　　需求不得遂，不滿之情就形成情緒上的聚縮現象，盤踞腦中，跟理性激烈拚鬥，逼得頭腦焦躁終日，時日一久就產生內向症狀，變成不易自拔。

　　碰到這種情況，最好替不得遂的欲望找個藉口，使之發散於外，內向狀態才能緩解。

　　外向型的人，即使欲望不遂，卻在不滿之情未聚縮作祟之

前，懂得轉變氣氛，將那些需求之念，一股腦宣洩，所以，經常心境開朗，日日如春。

這裡所提的欲望未遂的不滿，並不是就食欲、性欲、物欲而言。

受這些欲望的支配，產生進退維谷的現象，即使是外向型的人也難以倖免，所以，不能稱它為內攻心理。

從欲望未遂的不滿而來的內向，是說經常牽掛自己拙嘴笨舌，處處不如人，身體病弱等等的事，因而不敢言所欲言，行所欲行，且在欲言、欲行之前，就把它壓抑在心。

這種內向型的性格，如不及早矯正，對個人的危害，頗為驚人，實在不能等閒視之。因此，我們把這種內向狀態，又稱為「負面的內向性格」。跟「負面的內向性格」相反的就是「正面的內向性格」。

有此傾向的人，他們欲望未遂的不滿，不會轉成自卑感，而是有強烈的自省心理，或是頗有良知，或是謹而慎之，在說出或做出一件事之前，都會細加推敲。因此，言談之時，徐緩而進，行動之時，也穩紮穩打。

這是良性的內向狀態，內心充滿了省察之念，自制之意，所以，但求發揚光大，不必有所改變。

也就是說，它絕不是受「不隨意的壓抑」而起，而是起於自動的壓抑。

　　把這種內向型的人，設法使他毅然挺身而出，這個社會由於他們的參與，必然變得更光明、更進步。

　　內向是由於心理上拚鬥而起的現象，它的有助於人，是從事哲學之類思考為重的研究工作之時，它的有害於人，是與人有所交談之時。

　　當某件事有害於自己，他本人對這也有所自覺，想設法矯正它，無奈，事與願違，總是無法如意。人類的弱點，為人之難，在此暴露無遺。

　　任這種弱點慢性化的現象，我們就稱之為膽怯、靦腆、卑屈，進一步分析，不難發現這大多是來自性格的不均衡。所以，只要究明不均衡之所在，將它埋葬，症狀就不難霍然而癒。

　　一般而言，遲鈍的人幾乎沒有「內向（內攻）現象。」

　　這是由於感性、思考力皆弱，無法持有適足以內向的強烈情感之故。

　　這種人，心情愉快就欣然大樂，手腳齊舞；心情不適就鬱鬱不樂，緘默終日。

　　瞧他們那時候的模樣，好像發生了內向的現象，實則腦海一片空白。

　　所謂「內向現象」，絕不是目不旁視的沉思，或是一聲不響，無所事事，而是指腦裡因緊張或欲望未遂的不滿，熾烈如

（五）勝己則足以制人

火，卻一點不顯露於外那種狀態而言。

　　這種內向性格，對一個人真是一無助益。

　　與此相反，慎思熟慮、謹慎成性、省察之心甚強的人，即使腦裡不時在緊張狀態下，也有欲望未遂的不滿，卻能夠把它抑制在內心，不使之爆發，所以，從這個意義上說，內向現象就成了利己的事。當然，這也得看看抑制的是什麼東西。比如，戒心過重就變成膽怯，守祕之心過強就變成覷覥，自尊心太弱就變成卑屈。這就演變為該說不說，該起而行動卻一無動靜，如此把該說、該行動的事全都抑制，可就招致莫大的弊害。同樣是內向性的性格，就有好壞之別。比如，慎重、反省、自制、思考之類性質的內向性格，皆屬良性，只要不踰越界限，倒可以成為超越外向型甚多的優點。想想，屬於自己的「心」，卻無法操縱自如，這有多窩囊？內向性格就是這麼使人頭痛的心理狀態。這種狀態稱為「受情感支配」，是來自強烈的感性和緊張感、頭腦作用的不均衡，以及欲望未遂所帶來的自卑感。

　　所謂感性強，意思是說，頭腦的作用甚強，照說，這種特性是大可活用的，但是，在腦裡處理那些感性之時，如果頭腦機能無法恆保均衡，不幸，又加了欲望未遂的不滿，造成內心的抑制作用，人的心靈就被圍困而逃逸無方，甚至引起神經衰弱之類種種精神障礙。

221

　　這麼一來，就有必要具備不敗於強烈情感和欲望的堅強理性了。這個道理就跟練就其壯如牛的身體，具備無比的抵抗力和免疫力一樣。理性不只是教養和道德心，而是指對任何情感作用產生相反作用的情感而言。感性強的人，時時受情感的強烈支配，因此，與它相反的情感也自然而然日趨強烈。這種人的內心，有兩種相反的情感共存不悖。他們往往被稱為個性複雜難以了解，或是行為怪奇，道理就在這裡。又，壓抑情感的心理機能，「有所思」的思考力，占了相當的比重。

　　所以，善於思考的人，通常是理性很強的人。

　　這種人屬於內向型，即使內心起了強烈的情感，總是有那種本事，搬出強烈的理念來抗拒、壓抑，把它消化之後，吸收殆盡。

　　感性劣弱的人，頭腦機能也相對劣弱，等於是無味、無色，其人如水。他們的外表顯得冷漠如霜，令人疑為頗為理性，事實上，完全相反。感性不強，理性也強不了，這是不利之論，理性強，說穿了就是感情非常強烈的意思，請牢記這個事實。內向一詞，包括了眾多內容。看到美麗的花，有些人就立刻脫口說出：「這些花有多美！」有人卻只在內心感受，一聲不吭。從這個例子可以看出外向型和內向型的差異。

　　屬於內向的人，他們的言語，多半是心慌、靦腆、膽小、卑屈之類的壓抑、緊張等心理的產物。內向型又稱為反社交型，這是指他們拙於社交而言。

其實，「拙於社交」並不是最恰當的形容詞，換個說法，應該是「對交際總覺得格格不入」。雖然拙於交際，對交際覺得格格不入，他本人卻渴獲交際的機會，你說，奇不奇怪？

人，如果無法控制自己，那就休想對客觀事物操縱自如。無法戰勝自己，也絕對勝不了別人，這絕不是言過其詞。這種人若從事社交為主的行業，或進入演藝界（演戲、歌唱、音樂、舞蹈、電影⋯⋯），也是其路難通。當你出現膽怯、心慌現象時，務必在數秒鐘之內施行精神管理，使之恢復常態 —— 這種訓練平時就不可或缺。精神管理的祕密何在？假設，有一個人，腦裡正受某種強烈的消極情感所支配，他就會在精神上產生動彈不得的現象。頭腦的機能，力足以分擔各式各樣的知覺，整個而言，它有知覺、需求、記憶的三大作用。情感應由知覺而來的意識活動，情感更可分類為需求的滿足感，以及需求未遂的不滿。

例如，憎惡感、嫌厭感之類令人感到不愉快的情感，全來自知覺需求的不滿。

這種需求上的不滿，如果非常強烈，它就發生情感上的聚縮作用，頑強的占據在腦裡，任你想盡辦法，也不能將它驅逐出境，如此一來，它就不再接受其他情感和思考。

正義感也好，虛榮心好，同情心也好，它們都會成為聚縮的情感，礙及頭腦的正常活動。

這些令人感到不愉快的情感，如不趁早從腦中趕跑，你就

無法使頭腦發揮神威，進行全面的應變。這就扯到精神管理的問題。

　　想把這些頑固透頂的情感，從頭腦中驅逐出境，除非使造成這種情感的原因——欲望未遂的不滿，獲得解決，否則勢必無法成功。

　　話是這麼說，要是不滿可以平息，情感的聚縮早就無法成為氣候，可知問題所在，就是無法消除不滿。

　　遇到這種情況，只好搬出其他希求，例如，道德心、邏輯性的理念來抑制它，吸收它。

　　話又說回來，這事如屬可以順當辦妥，又何必如此辛勞？問題的關鍵就在，說來容易，做來頗為棘手。

　　情感的緊縮，若說可以憑著相反的情感或道理就能「驅逐出境」，又何必看這本書？只要憑自己健全的見識或判斷力，就能使它化為烏有了。是不是？

　　難就難在無法如此一蹴可幾。

　　要消除這種現象，只須把希求未遂、令人不快的不滿，代以另一種希求未遂、但令人好過的不滿。且來舉出一個例子，說明這個現象。對於朋友出人頭地的妒心，源於自己不如他的想法。由於自尊心和攫獲名望之心的希求，未能得遂，就產生了這種現象。

　　這時候，如果出人頭地的欲望，獲得滿足，豈不是萬事皆妥，無風無浪，何等愜意！問題就在，萬事妥不了，於是，

這種失望感就化成對希求之事的憎惡感，甚至演變為殺機。當然，如把對方殺了，憎惡感也好，嫉妒心也好，頃刻間化為無形，可是，殺人這行為萬萬行不得。

於是，就以遷怒的方式，使那些無罪的狗、貓遭了池魚之殃，草木也成了嫉妒的犧牲品。至於，破壞性極弱的人，也就是脾氣不暴躁、性子不急的人，別說是狗、貓，恐怕也折不了一片草葉、一根樹枝。由於憎惡無處發洩，只好任它指向自己，以自殺收場，這種例子，可真不少。其實，在走到這麼極端的路之前，該有自救的方策。這就是前面說的那一招：「把希求未遂、令人不快的不滿，代以另一種希求未遂、但令人好過的不滿。」

任何希求未遂的不滿無法消除之時，只要對類似不滿來個轉嫁，就可以輕而易舉的解除心中的結——請把這個事實，牢記於心。

（六）不卑不亢理占先

一次，康有為離開廣東南海縣老家北上赴京，途中特意到江蘇南通訪問張謇。由於康有為從光緒十四年（西元 1888 年）在京應試開始，曾七次向皇帝上書，建議變法維新，因而聞名天下。但當時他只是一個舉人，而張謇卻是前科狀元。張謇有意賣老，難為一下這個「康聖人」，見面即出一聯道：

「四水江第一，四方南第二，先生來自江南，還是第二，還是第一？」

這裡四水指江淮河濟，四方指東南西北。這上聯張謇穩穩唸出，看似漫不經心，實際上卻咄咄逼人，說第一是狂妄，說第二則等於甘拜下風，使對方難於啟齒。

康有為略加思索，當即口占下聯應道：

「三教儒居先，三才人居後，小子本是儒人，不敢居後，不敢居先！」

這裡三教指儒、釋、道，三才則是天、地、人，下聯不僅對得工整、合韻，而且巧妙的表達了自己的態度，不卑不亢，不失身分。不禁令那位張狀元暗服高才，以禮相待。

（七）阮宣子三字得官

阮宣子是晉朝人，有一天太尉王衍碰到他，問道：「老莊的學說和孔子的教化，有什麼不同之處？」

阮宣子答道：「將無同。」

這三個字的含義，很難準確的解釋，以致留下了一樁公案。有人認為這是一個大滑頭的含糊措詞，等於什麼也沒說。但也有人認為，這是說「兩者有相同的地方，也有不同的地方，但在全體上，可以說是大致相同」，「將無同」是把這大段複雜微妙的差異，簡潔的用三個字，華麗的表達出來了。哪

種說法是阮宣子的原意，無法考證。但是王衍當時認為回答得
妙極了，因為這三個字，提拔阮宣子作了「掾」，大概就相當
於太尉的祕書長吧。於是當時的人都稱阮宣子為「三字掾」，
即因回答了三個字而作了掾。

有人聽到這件事，當面嘲笑阮宣子說：「一個字就足夠被
任用了，何必用三個字呢？」

阮宣子答道：「倘若是天下所仰望的人，也可以無言而被
任用，更何必靠一個字呀！」

從阮宣子對付嘲笑的回答看，他確非低能之輩。後來他官
至太子洗馬，而且名聲很好。

第十章　金戈鐵馬，辯鋒犀利

第十一章　捕捉破綻，亂中取勝

（一）極力使對方陷入混亂

　　在辯論賽中運用矛盾戰術，其最大目的就在於以子之矛攻子之盾。這樣極容易導致對方出現混亂的局面，而越是混亂則越容易因緊張、焦躁、喪失風度而出現錯誤。由此我方即可火中取栗，乘機取勝。

　　讓我們來看一看某次大學辯論會的一場比賽。辯題是「貿易保護主義可以抑制」。

　　反方一上陣，一辯就在辯詞中陳述了「貿易保護主義是客觀因素的必然結果」，這說明「貿易保護主義是以波浪的形式前進著，是此起彼落的」。但是反方其論題應為「貿易保護主義不可以抑制」，既然不可以抑制就不應當出現此起彼落的情況，因為落勢必然代表著有可被抑制的現象發生。反方這種論點上的自相矛盾處被正方抓住了，他們馬上指出：既然是波浪那就必然有波峰和波谷，在波谷的時候不正好說明貿易保護主義可以被抑制了嗎？

　　反一：對方的同學，你們剛才為貿易保護主義下了定義；可是我們認為貿易保護主義是一種思潮。讓我為貿易保護主義下個定義吧！貿易保護主義就是為了保護國家的經濟利益而實行的貿易限制的一種思潮。請記著，是執行貿易限制的一種思潮；而且，為了達到這個目的而採取的政策，包括了關稅壁壘和配合制度等等。我們今天要談的是貿易保護主義，而我方認

（一）極力使對方陷入混亂

為，貿易的保護是不可能抑制的，理由有以下三點：

第一，商品經濟的發展，本身需要保護的。在自由貿易的體制下，國家與國家之間，商品與商品之間，都出現了激烈的競爭。在這競爭中，就有了強弱之分。弱的為了保護自己的利益，就要求本國政府實施貿易保護主義啊！事實上，每一種工業都有成長的時期，在這時期內，需要本國政府的細心照顧，才不至於被那些盲目的進口弄垮，導致國民失業啦，生產停滯不前啦，國家的經濟進入衰退的狀況。

第二，商品與經濟發展不平衡的規則，也需要貿易保護的。在自由競爭下，成敗得失是在所難免的。一種商品如果價廉物美，而又有好的市場，在世界市場大展拳腳的話，那當然是所向無敵，無往不勝的啦！但是，這種天時、地利、人和的因素是暫時性和相對性的。須知道，風水輪流轉，每個國家，每個行業都有興衰呀。例如十六世紀的經濟強國是葡萄牙、希臘；而今天呢，卻是美國、日本；明天呢？你們知道嗎？

第三，當各國分隔世界市場，貿易保護主義就成為必然的結果。一般來說，在不侵犯他國主權的原則下，每個國家都有權實行貿易保護主義的。實行貿易保護主義的國家不外乎是為了以下幾個因素：

> 解決眼前的嚴重的失業問題，以緩和廠家及工人對國家的不滿。

231

➤ 保護生產及經濟發展不受外國商品的競爭。

➤ 迫使外國開放門戶。這正是美國現在對日本的一種貿易手段呢！

➤ 吸引外資，促進本國的經濟發展。

以上幾個因素都說明了貿易保護主義是客觀因素的必然結果。它現今的趨勢是有增無減的；而且是以波浪的形式前進著，是此起彼落的。下面，我方的同學會用歷史的實例和現實的政策，進一步鞏固我方的立場，那就是貿易的保護主義是不可以抑制的！謝謝。

且看正方如何反駁：

正方：反方第一位同學曾經提出，貿易保護主義是波浪式前進，那麼我請問，在這個波浪的波谷，是不是被抑制了，我很遺憾到現在為止，沒有聽到反方同學為我們定義：「什麼叫抑制。」他們前三位所談的可以說沒有什麼意義。同時，我還要請問對方同學，如果按照你們的邏輯，保護主義真的不可以抑制的話，貿易保護主義真是越演越烈，是不是結果，大家都要關起門來，還要走到那種所謂的雞犬之聲相聞，老死不相往來的那種中世紀去了，這可能嗎？同時大家都知道，開發中國家為了保護本國民族工業所採取的一些必要的保護措施，與已開發國家所採取的所謂損人利己的貿易保護完全是兩回事，對方同學在這一點上發生一點誤解。下面我來總結我方論點。

縱觀歷史，找不到保護主義可以無限發展的事實，相反，歷史證明，貿易保護主義最猖獗之時，往往是抑制貿易保護主義的力量迅速壯大之時。俗話說：「道高一尺，魔高一丈。」如果看不到這一點，對抑制貿易保護主義悲觀失望，這對世界經濟和貿易的發展，會有什麼好處呢？我們認為貿易保護主義可以抑制，是有充分根據的。

第一，貿易保護主義能不能抑制，歸根到底，還是要看導致貿易保護主義的經濟根源，也就是世界各國，特別是已開發國家的經濟形勢，在今後一段時期，能不能相對穩定的成長，我們的回答是肯定的。目前，許多經濟學家認為，西方已開發國家的經濟，在 1980 年代下半期會比上半期好，即使出現衰退，也將是輕微的成長性衰退，理由是：一，新技術革命方興未艾。二，已開發國家正在尋求一種有管理的浮動匯率制度。三，已開發國家通貨膨脹率很低，再加上利率、匯率下降，石油價格暴跌，這就使他們有比較大的餘地，採取稍微寬鬆的貨幣政策，來刺激經濟成長。總之，世界經濟相對穩定的成長，將會抑制貿易保護主義，創造一個良好的環境。

第二，從南北經濟關係看，當前，開發中國家面臨的最主要問題有兩個，一個是債務問題，一個是貿易問題，解決債務問題的根本出路，擴大出口，發展經濟，如果已開發國家不採取有效措施，抑制保護主義，相反對開發中國家落井下石，那麼，整個世界經濟將不可避免的陷入衰退的惡性循環，已開發

第十一章　捕捉破綻，亂中取勝

國家也難逃厄運，正是因為看到了這一點，已開發國家在南北經濟關係的一些具體問題上，已表現出靈活、現實的態度。

第三，世界經濟國際化，也將成為抑制貿易保護主義的重要力量。現在世界經濟是你中有我，我中有你，誰願單方面採取重商主義時代的保護主義去抑制對方，其結果必然是搬起石頭，砸自己的腳，所有這些，使我們有理由對抑制貿易保護主義充滿信心，當然通向未來的道路，不會像大街那麼筆直平坦；但是，世界經濟和貿易要向前發展，這是不可抗拒的歷史潮流，只要我們正視現實，不悲觀，不氣餒，齊心協力採取公平合理的措施，貿易保護主義是可以抑制的。古詩云：「路漫漫其修遠兮，吾將上下而求索」！謝謝！

自由辯論階段由於正方隊緊緊抓住反方隊在論點上的這一矛盾不放，明顯導致了反方隊在場上的混亂局面。反方隊自由辯論時曾出現過幾次令全場哄堂大笑的場面，尤其是到了結束階段時顯得十分混亂。

正方：對方同學，剛才關於貿易保護主義的定義問題，這並不是我方的定義，是世界各國公認的定義，在關稅及貿易總協定的第四章中，各國公認，開發中國家對於本國工業的適當保護，從長遠看有利於世界貿易的自由發展，所以這不應該歸保護主義之列，請問對方的定義從何而來！

反方：定義就是，貿易保護主義就是一個國家為了保護本國的經濟利益而實行的貿易限制的一種思潮，請記住是「思

潮」。

正方：那麼，你們對於這些貿易保護主義的措施又作何理解呢？光是思潮，恐怕不會造成那種排斥外貨的作用吧！

反方：主義是一種理論，措施就是理論的實行！

正方：對啊！剛才你們曾經講到我們是理論脫離實際，等會我才講是不是脫離實際，我想請問你這種思潮對於實際又有什麼作用呢？

反方：你剛才不是說對了嗎？

正方：我很奇怪對方同學，竟然把已開發國家正當的保護主義和開發中國家的貿易保護相提並論，這使我想到大人和小孩比武，大人勝了還在那裡洋洋得意，「啊！力氣太小了！」

反方：我想問正方的同學，假如你是美國的一個紡織工人，你面對大量的開發中國家的紡織品進口而令你失業，那你有沒有要求政府在這方面為你做一些什麼事呢？請回答這個問題！

正方：對方同學，你們有沒有看過關稅及貿易總協定呢？對於各國已經公認的定義，你們為什麼一而再再而三的反對呢？

反方：但是關稅貿易總協定可以不可以限制貿易保護主義啊？

正方：對方同學，我們對這個問題已經做過明確的闡述，我倒請問對方第四位同學，你剛才講到關稅貿易總協定是一錢

不值，不成功的，我想請教你一下，戰後，關稅貿易總協定舉行了幾次多邊貿易談判，作用到底有多大，關稅由百分之四十降到百分之五是誰的功勞。

　　反方：那麼我有一個非常實際的例子來回覆正方的同學，比如說 1983 年法國單方面的限制香港的石英錶進口，雖然得到關稅及貿易總協定的裁決，支持香港，但是法國依然我行我素，採取他們的那一套繼續限制香港的石英錶進口，我想請問，你如何能夠告訴我，關稅及貿易總協定在這些方面發揮了它抑制貿易保護主義的作用嗎？

　　正方：我倒想請問對方同學，關稅貿易總協定，把關稅，就是關稅由百分之四十降到百分之五，到底是不是事實？

　　反方：對！你說得很對，我們剛才說過，貿易保護主義將是一種此起彼伏的，是一種波浪形式的前進，雖然關稅是被削減了，它另外的一種產物仍又產生了，關稅是一種關稅的限制，同時又產生一種非關稅的限制，比如說調整外匯，禁止進口，進口保證金這一系列，都是非關稅的壁壘，它們兩個是一個雖然消失了，但是另外一個又產生了！

　　正方：感謝對方同學，同意我們的觀點。關稅屬於保護主義，已經被抑制了，剛才對方你說了，非關稅措施正在出現了，已經正在被抑制，1973 年東京回合談判已經開始了，就一些非關稅措施達成協議，現在已經開始實施。日本在某些方面已經開放市場。

（一）極力使對方陷入混亂

　　反方：不要忘記，關稅就好像這杯水，這杯子的水是一直不會向下流的，可是世界上水何其多，這些水都急遽向下流！

　　正方：我想提醒對方同學注意，就是今天晚上的辯題是「貿易保護主義可以抑制」，你們談了很多很多貿易保護的例子，這一點我們當然可以舉出比你們更多的例子，這是有目共睹的事實，我想你不會因為你過於痛恨保護主義而就覺得保護主義不可以抑制了吧！

　　反方：我們要記住的就是，我們所舉的那些例子只不過想證明貿易保護主義是無所不在的，它的普及性，你抑制了這一邊，它這邊又起來，你怎麼抑制得了呢？

　　正方：請問對方同學，什麼是不可以抑制？

　　反方：那請問對方同學，什麼是可以抑制呢？

　　正方：可以抑制就是指可以抑制它的發展勢頭，我們從來沒有講過可以抑制就是可以根除它，或者在一個早上煙消雲散，所謂「可以抑制」就是不讓它發展得更加厲害，就是剛才對方第一位同學所說的，達到波谷！

　　反方：但是要真正的、有效的抑制才算抑制啊！你說是嗎？做個公證？

　　正方：請問戰後 20 年經濟發展的黃金時代，貿易保護主義如果不是有效的抑制，那麼世界經濟會那麼繁榮嗎？

　　反方：如果是有效的被抑制了，那麼我們今天就不會站在這邊談論這個問題了！

第十一章　捕捉破綻，亂中取勝

　　正方：對方同學，我想請問你們，1930 年代大危機的時候，關稅壁壘有多麼嚴重；在 1950、1960 年代，資本主義經濟高速發展時候，關稅壁壘又有多麼嚴重；1980 年代初期，滯脹時期，又有多麼嚴重，我想這些你們是可以知道的。

　　反方：對！剛才我們已經從那個方面說明了，所謂一種關稅壁壘，可能是被在某種程度上消除了，但是另外一種非關稅壁壘又產生了，它是一種波浪形式的。是一種此起彼落的形式產生的。

　　正方：對方同學到現在還沒有理解剛才我反覆強調的我們的定義，不可抑制，不是說保護主義可以根除，請注意，不是「根除」，而是控制它的發展勢頭！如果請問對方，按照你們的邏輯，世界經濟和發展將向何處發展呢？請可否為我們描述一番！

　　反方：我想告訴正方同學，所謂「抑制」，也許你們的所列舉的那些事實，是抑制了貿易保護主義的某些措施和產物，比如說詹金斯法案，但是，它實質的貿易保護主義本身是沒有被抑制的，也是根本抑制不了的。

　　正方：請問對方同學，除了一些不可抑制的事實以外，那麼貿易保護主義還算是些什麼呢？

　　反方：貿易保護主義根本就是一種絕症，如何去醫治呢，就好像愛滋病一樣，美國的知名演員，在銀幕上是多麼的英

雄，現在不是死翹翹了嗎？（哄堂）

　　正方：請問對方同學，歷史上有哪一種疾病沒有被根除呢？

　　反方：那就拿愛滋病來說，現在能根除它嗎？

　　正方：我請問肺病有沒有被根除？

　　反方：肺病是絕症嗎？

　　正方：當時是不是絕症？

　　反方：但是一種絕症被根除了，另外一種變相的方式又產生了，比如愛滋病啦！（哄堂）

　　正方：但是愛滋病並不是肺病！我想提醒對方同學注意這兩點是完全不同的。

　　反方：愛滋病可能是導致肺癌的一個關鍵！

　　正方：對方同學，你們舉了一個不能代表一般的例子，難道舉一百個例子就可以代表一般嗎？我請問一個一般性的問題，匯率、利率的降低，有沒有利於世界經濟的發展？又是不是有利於貿易保護主義的抑制？

　　反方：對！剛才這位同學說道，他說中國不算是貿易保護主義，那麼，美國的貿易關稅制度沒有中國來得那麼厲害，可是中國已經指責美國是貿易保護主義了！

　　正方：請問對方同學，中國是開發中國家還是已開發國家。

反方：可是，那個效果是一樣的。他們的定義是限制進口。

正方：對方同學，我倒想請問，澳門的經濟形勢是不是已經超過美國了。那麼在這種情況下，對澳門所採取的一些貿易保護措施能不能和美國的貿易保護主義相提並論呢？

反方：請不要搞錯，澳門並沒有貿易保護主義！既然貿易保護主義是不存在的，我們抑制什麼呢？（鈴聲）

正方：我想請問，剛才提到愛滋病，如果照你們的邏輯，愛滋病不可抑制，那可能我們在座的每人都會得愛滋病？（鈴聲）

正是由於正方隊採用了矛盾戰術，導致了反方隊場上混亂的局面，從而使反方隊「貿易保護主義不可以被抑制」的論點被駁倒了。

（二）製造陷阱，亂中取勝

既然使對手陷入混亂有利於我方進攻，在辯論中，我們就應及時捕捉住對手表現出來的各種薄弱點予以抨擊，擾亂對方陣腳，造成辯敵的尷尬局面。

一般說，捕捉對手薄弱點不外乎有以下幾種情況：

事實不符，論據不足以證明論點，不能有效的維護己方立場。

例如：某次大學辯論會，辯題是：「儒家思想是亞洲四小龍獲得經濟快速成長的主要推動因素」，反方隊機智應答，自由辯論開始不久，便尋出對方破綻。

正方：我方已經強調了巧婦要有米才能煮得出飯來，對方同學認為，正確的策略才是推動經濟成長的主要因素，那麼我想沒有人去運用這些策略，沒有人去很好的發揮能成長嗎？

反方：可是光靠背上幾條《論語》就能做出好飯來嗎？恐怕在背《論語》的時候，飯都燒焦了，我請問對方同學，對方同學能不能拿出一點點事實告訴我們，儒家思想是如何使經濟快速成長的呢？

正方：我們已經先後說過，儒家思想影響著人的行為，以致影響著社會行為和經濟行為，這些就推導了經濟的快速成長。

反方：對方同學到此為止仍進行空洞的推理，對方同學認為沒有米，在這裡相當經濟活動，難道經濟活動幾千年就不存在嗎？這顯然違背於事實，今天是個事實命題，請對方同學不要迴避我方二辯的問題，拿出具體的證據來。

好個「巧婦難為無米之炊」，正方一直在強調有了儒家思想薰陶教育之下的「人」才可以是「巧婦」，從而推動社會生

活、經濟生活，而反方巧妙的將「米」解釋為經濟活動，於無形中陷對方於不利之地，很顯然，幾千年沒有經濟活動是荒誕的，而且反方一再指出「今天是事實命題」，要求正方拿出具體的證據來。在這樣的聲勢下，正方就顯得論據不足，不能很好的支持自己的觀點，這是攻對方破綻的一個較好的例子。

正方頻頻被反方指出論證中的錯誤，很大程度上會影響正方在接下來的自由辯論中的發揮，造成心理上的一種混亂。

語言上的破綻、情急之下的口誤。

辯論場上態勢迫人，難免辭不達意，語無倫次，出現一些口誤是經常的，不可避免的，捕捉到這個機會，往往是意外收穫，這對於在實踐中勇往直前獲得最終勝利有相當大的幫助。

例如：某次辯論賽半決賽，辯題是「嚴厲懲處是糾正腐敗現象的最好方式」。反方隊立論的「底線」是：嚴厲懲處並不能解決問題，它不是最好方式，應該健全法制、綜合治理。自由辯論中有一段很精彩：

反方：嚴厲懲處是必要的，這一點我們已經承認。但是它並不是最好方式。最好的方式是綜合治理，也就是我們剛才舉過的例子，綜合治理恰似我們每個人的拳頭，而嚴厲懲處只是其中一個指頭，是一個拳頭打人有力還是一個指頭打人有力？（掌聲）

正方：請問一個拳頭打人和一個指頭打人有什麼區別？（笑聲）

反方：這裡，我想請對方辯友自己來比較一下。（掌聲）

可以肯定，正方情急之下的口誤，而且又是這樣明顯，絕不是反方在論辯準備過程中能預見的，但反方善於捕捉。來了個漂亮的「回馬槍」，不說是「一槍定乾坤」吧，也算是奠定了勝利的基礎。

再如某年國際大學辯論會一場預賽，辯題：「溫飽是談道德的必要條件」。正方隊自由論辯開始聲勢十分了得，但反方善於捕捉對方口誤，大有以巧破千斤之勢。

正方：我先請問反方同學三個問題。第一個問題，顏回一簞食、一瓢飲，固然是聖人。請問，在座的四位有幾個人做得到？在各位所在的大學裡面有多少人做得到？如果只有少數人做得到，這樣能算是這種道德在社會上得到推行了嗎？第二個問題，新加坡李光耀總統當初在推行道德建設的時候，是不是也同樣發展了經濟建設，不然哪會有今天豐衣足食的新加坡社會。請不要迴避這個問題。第三個問題，請教對方二辯，您引《禮記·禮運》篇上面「鰥寡孤獨廢疾者皆有所養」，請問「皆有所養」是溫飽還是道德？請回答。

反方：首先指出對方一個常識性錯誤：李光耀是總理而不是總統。（掌聲、笑聲）我方認為「君子無終食之間違仁，造

次必於是，顛沛必於是」，我請問對方一個問題：貧困的社會中有沒有道德？（掌聲）

實在為正方可惜，洋洋灑灑一篇卻被一個「總統」掩了光輝，也為反方敏捷應對而嘆，足見善於抓住語言上小小失誤，可以乘機發揮擴大，收到意外的效果，反方隊正是抓了「總統」一詞，而置對方連珠炮似的質問於不顧，笑談間攻守之勢易也。而正方正是由於口誤，這個小小「蟻穴」導致大廈將傾，功虧一簣。

具體論證上，邏輯的破綻。

邏輯學的矛盾律要求，在一個思考過程中，不能對同一事物對象做出不同的斷定，如果做出了不同的斷定，其中必定有一個是虛假的。矛盾律是在論辯中揭露論敵自相矛盾的邏輯基礎。如果論敵對同一事物前後做出了不同的斷定，我們可以用矛盾律發起攻擊。

美國大律師赫梅爾（Hummel）在一件賠償案中代表某保險公司出庭辯護時就是如此。

原告聲稱道：「我的肩膀被掉下來的升降機軸打傷，至今右臂仍抬不起來。」

赫梅爾問道：「請你給陪審員們看看，你的手臂現在能舉多高？」

原告慢慢的將手臂舉到齊耳的高度，並表現出非常吃力的樣子，以示不能再舉高了。

「那麼，在你受傷以前能舉多高呢？」

赫梅爾話音剛落，原告不由自主的一下將手臂舉過了頭頂，引得全庭哄堂大笑。

赫梅爾論辯獲勝的妙處就在於機智的揭露了對方的矛盾。

我們在辯論中不僅要善於揭示論敵前後的矛盾，還必須善於發現論敵觀點所隱含的矛盾。請看戰國後期墨子對「辯無勝」、「言盡悖」、「學無益」、「非誹」等詭辯命題的反駁：

「辯無勝」，就是參加辯論的雙方都不可能獲勝。墨子反駁道：「試問，你們的『辯無勝』之說是對的呢，還是不對呢？如果你的說法對，那就是你們辯勝了；如果你們的說法是不對的，那就是你們辯敗了，而別人辯勝了，怎麼能說辯無勝呢？」

「言盡悖」，就是說一切言論都是錯誤的。墨子反駁道：「試問『言盡悖』這句話是對的呢，還是不對的呢？如果這句話是對的，那麼這句話『不悖』，那就不能說一切言論都是錯誤的；如果這句話是不對的，那麼『言盡悖』這個說法就不能成立，那就要承認有的言論是正確的。」

「學無益」，就是認為學習無益處。墨子反駁道：「從事學習的人是不知道『學無益』的道理的，所以你們教給他們『學

無益』的道理；既然你們教人們『學無益』道理，就是要人們認為學習你們所教的道理是有益的；可你們又說學無益，可見你們的『學無益』的說法是自相矛盾的。」

「非誹」，就是反對批判錯誤。墨子反駁道：「你們提出『非誹』的主張，就是反對批判；你們反對批判，本身就是在對別的觀點進行批判。你們一方面反對批判，一方面又在進行批判，豈不是自相矛盾？」

由於墨子能準確的揭露對方觀點中隱含的邏輯矛盾，因而反駁得酣暢淋漓、痛快有力。

在辯論賽中，從具體論證上去捕捉對方的破綻，這樣的例子不勝枚舉。我們來看一看某次大學生電視辯論大賽中的一場辯論。辯題是「現代社會中金錢的作用越來越大是否是一種進步」。反方在自由辯論中就被正方捉住了不少破綻，以致在辯論中因情緒受影響而風度欠佳。

正方：請問對方辯友，當前社會的主要矛盾是什麼？是政治、法律、道德、腐化與醜惡的矛盾，還是追求財富與現實貧困的矛盾呢？

反方：我想回答對方第三辯一句話：火帶來了光明，但是火越燒越旺也會帶來災難，你否認嗎？（掌聲）

正方：對方顯然在回答我方問題時「千呼萬喚始出來，猶抱琵琶半遮面」。請回答我方主辯剛才提出的問題。

反方：我們在發展的時候講求兩隻手，一隻手負責經濟，一隻手負責精神。難道你能否認嗎？

正方：皮之不存，毛將焉附？請問對方辯友，你們說的精神文明是建立在什麼基礎上的呢？

反方：我們的精神文明正是建立在不誇大金錢作用的基礎上。（掌聲）

正方：對方勾畫了一個虛幻的烏托邦，這種沒有建立在金錢基礎上的虛幻的道德真是「夜夢多見之，晝思反微茫。」（掌聲）

反方：讓我們看看金錢對道德的影響。剛才對方辯友舉了一個水災的例子。我們認為金錢加道德才能行善，如果只有金錢沒有道德，那只能是一種情況：趁火打劫，難道你們認為這是一種進步嗎？（熱烈的掌聲）

正方：沒有堅實的物質基礎建立的道德是虛偽的道德，華而不實。皮之不存，毛將焉附？（掌聲）

反方：對方辯友說金錢能夠推動外交，我想請問，難道金錢外交就是進步嗎？

正方：難道因為分娩有痛苦，你就認為生命不該降臨嗎？「挑戰者號」失敗了，難道人類就不向太空挑戰了嗎？請不要迴避主要矛盾和次要矛盾的問題。

反方：我想對方能夠說出這種問題，真是助紂為虐了。今

天主辦單位資助我們進行辯論，但是如果金錢的作用大到主辦單位能夠操縱這次辯論的結果，違背我們評審的初衷，請問，金錢的作用還會越大越好嗎？（掌聲）

正方：那麼請問，如果沒有主辦單位的資助，我們能在這裡辯論嗎？（熱烈的掌聲、笑聲）

反方：如果金錢的作用大到超出了公平競爭的原則時，它還是一種進步嗎？

正方：卑鄙是卑鄙者的通行證，高尚的人可以使金錢更高尚。我們強調只有在完善的法制和道德的基礎上，在金錢作用越來越大的時候，社會才是一個進步的社會。

反方：我想對方同學一定會是一位振臂高呼的英雄，你一聲呼喊，天下的富人就會雲集響應來做善事。

正方：那麼我倒想請問，是金錢使人變得邪惡呢，還是人使金錢變得邪惡呢？（熱烈的掌聲）

反方：好，對方同學既然認為金錢本無所謂善惡，是人賦予了它作用，那麼請問，社會進步是金錢的作用，還是人的作用？

正方：正是人使金錢的作用越來越大才推動了社會的進步。

反方：既然對方辯友認為金錢只有在道德和法律的約束之下才能產生作用，那麼你們是不是已經承認了我方的觀點，即

金錢的作用越來越大不是一種進步呢？因為它沒有在道德和法律的約束之下。

正方：請不要一廂情願，剛剛頒布的一些法令不正說明了法制的進步嗎？

反方：這不正說明我方的觀點嗎？只有金錢受道德和法律的規範約束，這才是一種進步，而當它突破這個尺度時，它的作用越來越大時就不是一種進步了。

正方：剛才對方提出了尺度的概念，但是你們卻始終也沒有論證過這個尺度。我想提醒對方，辯證法不是事例的總和，你們慷慨陳辭，列舉了種種醜惡現象，但社會並不會因此就不進步了。

反方：這些醜惡的表象雖然很少，但是難道不觸目驚心嗎？難道我們非要等到天下的鳥兒都像烏鴉一般黑的時候才來注意嗎？（掌聲）

正方：難道你因此就要否定社會的進步嗎？

反方：對方不要把金錢的作用和社會的進步混為一談，請對方回答我兩個問題：生產力的三要素是什麼？金錢的五大職能又是什麼？

正方：請問，國民生產總值每年以 10% 的速度遞增，國民平均消費水準十年間提高了 4 倍，這不是一種進步嗎？

反方：對方同學認為不管承認不承認趙公元帥已經登場，

存在的就是合理的，那麼各國黑道、哥倫比亞毒梟，他們都存在，難道他們都合理嗎？他們合乎人性嗎？這是進步嗎？他們都是在為錢啦！（掌聲）

　　正方：對方辯友一廂情願的把世界的罪惡歸結於金錢，我真想替金錢大喊一聲冤枉，其實你並不懂金錢的心。對方辯友，我問你一個問題，是金錢導致人的罪惡，還是人的罪惡強加於金錢？（熱烈的掌聲）

　　反方：首先我先聲明我方從沒認為金錢是萬惡之源，但是金錢的濫用會開出罪惡之花，我請問對方同學，金錢是善良之本、進步之源嗎？（掌聲）

　　正方：我方也從未說過金錢是善良之本，我方只是說更高尚的人可以使金錢高尚。只要我們加強法制和教化，我們這個社會將會在金錢的作用下越來越進步。

　　反方：我明白了對方的意思是說金錢是一杯白開水啊！（掌聲）

　　正方：金錢是一杯白開水嗎？我倒想請問對方一個問題，瑞士五百年當中奉獻的僅僅是鐘錶，而義大利經過了血與火的洗禮奉獻了極大的進步，難道僅僅因為有罪惡對方就推導出社會不進步了嗎？

　　反方：義大利是經過了血與火的洗禮，而且現在正在承受血與火的洗禮，因為它政壇的醜聞頻頻迭起。（掌聲）

（二）製造陷阱，亂中取勝

　　正方：但它奉獻世界的是但丁、達文西和美妙絕倫的建築藝術。

　　反方：這和金錢有什麼關係呢？我們知道但丁、達文西都是在文藝復興時期產生的偉人！

　　正方：對方彷彿是正在認真的替一個小孩子洗澡，汙垢倒是清理了不少，但倒水的時候卻連這小孩子一起給倒出去了。（熱烈的掌聲）

　　反方：你是用金錢還是用道德替孩子洗澡。（掌聲）

　　正方：對方顯然已經同意了我方觀點，用道德替孩子洗澡會越洗越乾淨，社會會越來越進步的。

　　反方：但是金錢會影響道德。

　　正方：對方給我們的感覺是說金錢的作用越來越大了。

　　反方：用金錢替小孩子洗澡就會洗去他的汙垢嗎？我們認為只有用道德。金錢算什麼？

　　正方：我勸對方辯友不要抱殘守缺，而要更新觀念，開放思維，觀念一新，才能萬兩黃金呀。（掌聲）

　　反方：我很奇怪對方同學對我們舉出的那麼多事例居然熟視無睹，真是鐵石心腸的硬漢子，佩服！（掌聲）

　　正方：對方可以舉出一百個例子，我方可以舉出一千個例子。還是讓我們透過紛繁的事例來發現理性的光環吧，孟德斯鳩告訴人們：「正是金錢使人類野蠻的風俗日趨典雅與溫厚。」（熱烈的掌聲）

反方：金錢作用越來越大如果超出了破壞社會平衡這個尺度，你們還能說金錢的作用越來越大是一種進步嗎？

正方：對方一直都在強調尺度，卻又不談尺度的概念。真是讓我們「上窮碧落下黃泉，兩處茫茫皆不見」。對方的尺度到底是什麼呢？（掌聲）

反方：我們的尺度就是破壞社會平衡。

正方：那麼請問，你能否認我們社會目前是處在平衡狀態嗎？

反方：我認為我們的社會正在由不平衡走向平衡。我強調：對方的觀點將會使不平衡走向更不平衡。

正方：對方顯然又同意了我方的觀點，社會正是由不平衡走向平衡。

反方：對呀，但是如果過分強調金錢的作用，就會從不平衡走向更不平衡。（掌聲）

正方：開放的成就除了得益於教育以外，還得益於啟動了金錢的作用，你們能否認嗎？

反方：但是最大的失誤也是教育啊。社會達到平衡了嗎？

正方：窮凶極惡，窮凶才能極惡。富裕之門是突然之間打開的，如同久居洞穴的人突然見到陽光，一下子什麼也看不到了，不幸的人就這樣失足了，對方難道沒有認知到這點嗎？（掌聲）

反方：難道你的意思是貧困的人才會作惡，而為富都仁嗎？（掌聲）

　　正方：對方顯然否定了改革的意義。我想請問，在今天「東風已與周郎便」，難道對方還要「銅雀春深鎖金錢」嗎？

　　反方：請問金錢的作用越來越大對改革有什麼作用？（熱烈的掌聲）

　　正方：當然有作用。改革，民主的意識越來越強了，資訊的意識越來越強了，法制的意識越來越強了。這一切不是進步了嗎？

　　反方：但是道德退化得也更厲害了。

　　正方：我認為我們現在的道德並未倒退，以道德退步否定整個社會進步，行嗎？

　　反方：道德可是人之根本啊！道德退化難道人沒有退化嗎？

　　正方：皮之不存，毛將焉附。沒有堅實物質基礎的道德是華而不實的道德。

　　反方：如果過分強調金錢的作用，這樣的道德又是什麼樣的道德呢？這只是在金錢上面披上一件華麗的道德外衣。（掌聲）

　　正方：在原始社會許多人分食一條小小的魚，這難道是一種進步嗎？人際關係那麼好，這也是一種進步嗎？

反方：1950 年代金錢的作用要比現在小，但是那個時候的社會道德水準不比現在高嗎？

正方：難道你能否認我們現在的社會要比 1950 年代進步了嗎？（熱烈的掌聲）

反方：在道德方面它的確是退步了。

正方：草不謝榮於春風，木不怨落於秋天。規律是什麼，請對方注意。不要說社會表層有醜惡現象，社會本身就醜惡，社會就退步了，請對方注意本質的東西。（掌聲）

（三）乘敵混亂，勇追窮寇

對手的混亂局面一旦產生，我方絕不可產生「鬆一口氣」的想法。大凡高水準辯論會肯定少不了窮追這個階段。窮追就是不能錯失良機，就是要抓住要點，層層深入，在優勢中盡量擴大戰果，使自己的勝利昭然於天下，從而避免辯論會最終由於評審裁決的主觀因素、技術性因素而帶來的不利結果。

例如：某次大學辯論會大決賽，辯題是「人類和平共處是一個可能實現的理想」。正方同學利用三次發言機會重申了這一點：「目前人類最大的共同利益是什麼？」是戰爭？顯然有違情理。無論反方同學怎樣指責「南非種族政策行將破滅是怎樣不實」，也逃不了這樣一個現實又不可迴避的問題，再不回答，就會失分太多，情急之下，反方也是十分聰明，回答：

「人類最大的共同利益就是在所謂的南非問題還沒有解決的時候，阿拉伯問題又出來了呀！」簡直「風馬牛不相及」，企圖矇混過關，當時全場哄笑。正方同學正色的指出了人類最大的共同利益是「和平與發展」，從而有效的維護了己方觀點。這種方法在實戰中立竿顯影。

再如：國際華語大學辯論會半決賽的一場，辯題是「愛滋病是醫學問題，不是社會問題」，反方立場是：愛滋病是社會問題不是醫學問題。其實戰中也採用了巧設陷阱，分而治之的高招：

反方：我倒想請對方辯友回答我一個很簡單的問題：今年「愛滋病日」的口號是什麼？（笑聲）

正方：今年的口號「更要加強預防」，怎麼預防呢？要用醫學的方法去預防。（笑聲、掌聲）

反方：錯了！今年的口號是「時不我待」，對方辯友連這個基本的東西都不知道，怪不得談起愛滋病來還是不急不徐的！（大笑、掌聲）。

認真分析一下，「時不我待」，似乎也不能很好的維護反方觀點，到底是醫學問題，還是社會問題？並沒有給出一個準確的答案，但是，反方利用這個點，有效的活躍了場上的氣氛，打消了對方的氣焰。與上一個例子對比而言，我們也可以看出，能積極有效的維護己方觀點的「點」，不妨多問，追問下去，而相對只是產生調味料、味精一樣作用的「點」，只須

第十一章　捕捉破綻，亂中取勝

一次就可以完成它的任務了。類似例子很多，比如：某大學系際辯論中一場預賽「重獎奧運冠軍是合理的」，反方一再追問「奧運會的宗旨是什麼」；辯「倉廩實而知禮節」時，反方巧問：「在通往倉廩實的道路上，人們知不知禮節？」……有的問題就是明知故問，有的則是兩難選擇，答也不是，不答也不是……出其不意，攻其不備，搶個先手。下棋的人都會對「先手」的作用有深刻的領會，領兵作戰手中握有「主動權」和迫於形勢「應」一手、被人牽著鼻子走自然形同天壤。

我們在優勢論題上，一定抓住要點，找到突破口，層層深入下去，力求擴大戰果，使優勢更清晰更顯著。古代兵書強調優勢往往是指天時、地利、人和。而我們所談到的優勢是指情、理、氣、言。情，當時場上，己方已用情緒感染了觀眾、評審，使他們接受或更傾向於自己的論點。理，當時場上，對方語言失調，邏輯混亂，立論發生動搖，站不住腳。氣，當時場上，己方剛剛進行的發言中，有如驚堂一木，令人耳目一新，或有排山倒海、雷霆萬鈞之勢。言，當時場上，妙語連珠，從容與挪揄、幽默與詰難融為一爐，正揮灑自如之時。這就對我們提出要求，如何掌握這優勢，不使其稍縱即逝。

例如：某次辯論會大決賽，辯題是「人性本善」。

正方：犯罪、犯錯都符合人性本惡的立場了嘛，人們為什麼還要處罰他呢？如果人性本惡，那麼多做了善行的人怎麼會不受懲罰呢？再次請問對方：到底是誰第一個去教導人類向

善的？

　　反方：我方已不再想回答同一個問題了。我倒想請問：孟子不也說過：「性，天命；天性，仁；形色，天性也」嗎？而且孔子還說：「七十而從心所欲，不踰矩」，像這樣的聖人都要修練到古稀之年，何況我們今人呢？

　　正方：對方辯友所有的問題都不告訴我們答案，我們還是跟各位解釋一下性惡的問題吧，對方曾說荀子是性惡論者。荀子說：「無偽則性不能自美。」心理就像泥巴一樣，要築成磚就築成磚，要蓋成房子就蓋成房子，這是「無善無惡」說啊。

　　反方：荀子也說後天的所謂「善」是「注錯習俗之所積耳」。請解釋。

　　正方：荀子說錯了！荀子說，看不到善的就是惡的。

　　反方：你說荀子說錯了就錯了嗎？那要那麼多儒學家做什麼？（全場大笑，鼓掌）

　　正方：……（被掌聲淹沒）

　　反方：荀子明明白白的告訴我們「人性惡，其善者偽也！」佛祖釋迦牟尼可算是主佛主善之人了吧，但他在釋迦族當王子的時候，不也曾經「六根不清淨」過嗎？

　　到此，我們可清楚的看出，反方是如何的步步為營，擴大自己戰果的，因為在此之前的幾個回合的較量之中，反方是占據優勢的。正方再提出這個棘手的「誰第一個教導人類向善」的問題，反方也再次使用了「迴避」的慣技，化解一時之險，

不與對方在這個陣地擺開戰場糾纏下去，而是拾古，藉孔孟的經典言論，佐證自己的觀點，迫使正方不得不去解釋荀子的言論，情急之下出了大錯誤，落為人家的笑柄。自然而然，進攻力也就大大打了折扣。

（四）捕捉破綻，有理有節

利用矛盾戰術不能毫無根據的把對手的觀點說成是自己的觀點，在認真權衡以後，應當抓住對方最明顯的漏洞予以反擊才能奏效。要有理、有利、有節。

辯論實踐中，並不是每臨突變，都能當即捕捉到對手的「亡羊之牢」的。有時就是拿到了對方的破綻，也會因為時機、氛圍的制約而不能當即派上用場。這時就要做好打持久戰的準備了。

第十二章　請君入甕，出奇制勝

（一）知己知彼，百戰不殆

　　請君入甕戰術運用的前提就是要全面知彼，即了解對方可能採用怎樣的思路來立論。知彼，是運用此戰術的獲勝之道。

　　例如：某次國際大學辯論會上，辯題是「溫飽是談道德的必要條件」。反方隊冷靜的分析了辯題，分析出三條思路，而且還分析了對手可能在自由辯論中使用的戰術，並針對這些戰術，做出自己的反擊策略。

　　辯題：溫飽是談道德的必要條件

　　正方：我請問對方一個問題，又飢又餓的小孩子偷了你一塊麵包，你會用道德懲罰他嗎？

　　反方：難道法律中就沒有道德觀念嗎？

　　正方：對方三辯提出的問題從邏輯看，好像是說越窮道德就越好，有這個可能。但我認為這是一種虛偽的表現；讓窮人去窮吧，可是我可以說你好。這樣你就不用掏腰包去幫助他解決溫飽了。這是一個很方便的虛偽做法。

　　反方：「窮人的孩子早當家」。歐陽修、笛卡兒和范仲淹，哪一個不是貧困中培養起他們的高尚道德呢？

　　正方：我方認為，溫飽，你要求他談道德就是我吃得飽飽的，對方餓得很慘，但是大家為我好，這有什麼不好呢，這種觀念是錯的。其次，法律不是道德。法律規定了離婚，離婚是道德的嗎？法律可以規定公司破產，公司可以破產嗎？所以法

律不是道德，它是代表最低的道德水準加上風俗習慣及強制力的。法律等於道德是蘇格拉底那時候的觀點，對方有兩位學法律的應該知道。謝謝。

反方：法律中難道沒有道德觀念嗎？從《漢摩拉比法典》到《大清律例》，從宋《刑統》到《權利法案》，請對方告訴我哪一部法律中不包含道德觀念？

正方：我們這位同學已經告訴你了，法律所規範的道德是最低層的道德。暫且不提這個問題，請問，對方剛才說了英國民眾在第二次世界大戰中發揚道德精神，但是要知道，英國當時所處的社會在資本主義國家中所處的經濟地位是世界上領先的，而且據最近的資料顯示，二戰中英國人民的溫飽程度是有史以來沒有過的，營養價值在當時食物平均分配制度下是最好的。因此你不能透過這個問題來否認它是在溫飽程度上講道德的。

反方：《邱吉爾傳》告訴我們，那時候好多窮人是怎麼去填飽肚子了呢？是去排隊買鳥食，還買不到啊！

正方：對方同學一直迴避一個問題，你們總是舉仁人志士的超道德行為，告訴我們社會上每一個人都做得到。請問對方，你們認為今天在座的各位，包括你我在內，有幾個人做得到顏回一簞食，一瓢飲？有幾個人是歐陽修？有幾個是笛卡兒？有幾個人是范仲淹？

反方：既然對方辯友不喜歡談仁人志士，那我們談談普通人。剛才對方三辯講到一個小孩子的例子，那我問對方辯友：如果你吃不飽的情況下，你就不談道德了嗎？

正方：對方基於道德已經在心裡的概念，你設身處地想，你餓得什麼都沒有了，你要談道德，這是人道的嗎？這公平嗎？謝謝。

反方：對方認為，教唆一個人追求溫飽這就是最道德的。我們教唆一個貧寒的人去搶麥當勞看樣子是最道德的囉！

正方：但我們的這個同學可以在他飢寒的時候幫助他，但是如果他身上什麼東西都沒有，他怎麼去幫助呢？我們講問題要講究功效，要做到任何事情都要從結果思考。如果他根本就達不到什麼功效，他何必做這件事情呢？

反方：我方從來不反對溫飽時也能夠談道德。但是今天對方講道德，就因為你十年前吃過一碗「摩摩喳喳」嗎？

正方：對方一直迴避這樣的問題：超道德行為到底是不是道德行為？請對方回答。

反方：超道德當然不是道德。但如果按照對方的邏輯，那麼裴多菲（Petőfi）的〈自由與愛情〉大概就得改成：「愛情誠可貴，自由價更高，若為溫飽故，兩者皆可拋。」

正方：難道我們能不顧溫飽而只談道德嗎？請回答這個問題。

反方：對方還沒有論證如果溫而不飽該怎麼樣？減肥小姐可謂是溫而不飽，那這個減肥中心不是按照對方的邏輯要變成拳擊場了嗎？

正方：對方已承認超道德行為不是道德，對方所有的論證與道德論證都已證明是錯誤的。減肥中心那裡是溫飽的，對方理解錯誤，謝謝。

反方：對方講的無非是溫飽也能談道德。這一點我們什麼時候反對過了？問題是對方所要論證的是沒有溫飽就絕對不能談道德。請對方舉例說明，哪怕是一個，人類社會在何時，何地，何種情況下一點道德都不談。

正方：請對方不要搞錯。我方在一開始就說，溫飽是談道德的必要條件是指我們談道德不能夠脫離溫飽，對方能夠對這個問題做出批評嗎？

反方：任何理論應用到任何一個歷史時期，比解一個一次方程式都簡單。請對方不要迴避我們的問題，舉出你們的實例來。

正方：我方的論點對方沒有任何批駁，所以我方的定義已經成立了，其次，對方的解釋依然是在飢寒的情形下你可以對他進行道德要求，這可以嗎？請回答。

反方：你的論點不是你自己說成立就成立了，不然還要評審做什麼？

第十二章　請君入甕，出奇制勝

正方：對方沒有任何攻擊，難道就可以不成立嗎？沒有攻擊，我就失敗了嗎？（鈴聲）

正方隊的立論思路和戰術基本上被反方隊猜到了，也就是說辯論進入了反方隊設定的軌道。正方隊因而越走越被動，情緒越來越急躁，以致在辯論中其三辯說出，「對方沒有駁倒我方論點，說明我方論點成立」這種令全場大笑的話。

（二）以退為進，誘敵深入

請君入甕戰術的表現之一就是以退為進，誘敵深入。面對強大的、實力雄厚的論辯者，我們可以巧設圈套，投以誘餌，引誘其上鉤，然後再等條件有利於己時，再批駁對方。誘人深入，關鍵是要「誘」得好，也就是要巧設圈套，智投誘餌，引誘獵物上鉤，然後甕中捉鱉。

請看下面這個小例子：

從前有位漁民，不幸喪生。他的兒子冒著風浪繼續在海上打魚。有個聰明人問：「你的父親不是被大海淹死了嗎？」

「是的。」

「那你為什麼還到危險的海上來打魚呢？」

漁民的兒子聽了反問：「你的爸爸是在哪裡死的呢？」

「他呀，他是死在家裡的床上的。」

「那麼，你為什麼還要天天睡在那危險的床上呢？」

264

（二）以退為進，誘敵深入

「……」聰明的人說不出話來了。

這漁民的兒子就誘得很好：「你爸爸是在哪裡死的？」透過這一問，使對方不知不覺的上鉤。這時，漁民的兒子輕巧的一反駁，就讓那「聰明人」落得啞口無言的結果。

誘敵深入強調要誘得自然，要按事物的自然發展給予步步誘導。

西元前 340 年，魏國發兵攻打韓國。韓國向友邦齊國求救，於是齊威王任命田忌為主將，孫臏為軍師，率軍進攻魏國國都大梁。魏惠王聞訊即將攻韓的軍隊撤回，令太子申為上將軍，龐涓為將，率兵 10 萬，迎擊齊軍。

魏軍驍勇凶悍，咄咄逼人，同時也存在求勝心切、輕兵冒進的弱點，孫臏全面分析了敵我情況之後，制定了退兵減灶，設伏殲敵的作戰方案。

於是，齊軍進入魏境與魏軍一接觸，便按預定方案向東撤退。後撤的第一天，齊軍挖了 10 萬人煮飯用的灶，第二天減少為 5 萬人用的灶，第三天減少為 3 萬人用的灶。魏軍追了三天，龐涓看到齊軍不斷退卻而且天天減灶，誤以為齊軍士氣低落，逃亡嚴重，便得意忘形的說：「我固知齊軍怯，入吾地三日，士卒亡者過半矣！」他丟下步兵，只帶一部分輕兵銳卒兼程追趕。

孫臏判斷魏軍將於日落後進入馬陵。馬陵附近樹木茂密，道路狹窄，地勢險要。齊軍利用有利地形，派精於射技的弓箭

265

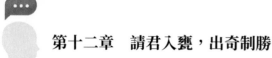

第十二章　請君入甕，出奇制勝

手萬人埋伏道路兩側。果然，龐涓的追兵按預定時間進入馬陵附近的設伏地區。這時齊軍萬箭齊發，魏軍頃刻潰散。龐涓自知敗局已定，憤愧自殺。齊軍在殲滅追兵以後，又大敗魏軍，俘虜了太子申。魏國遭到慘重失敗，一蹶不振。從此，齊國逐漸成為東方強國，孫臏也名聲大振。

馬陵之戰，是戰國初期齊魏爭霸具有決定意義的一戰。就兵力等整體情況來看，魏強於齊。然而，齊軍採取了孫臏的退兵減灶策略，示弱驕敵，一個環節、一個環節的將敵人引向自己埋伏的縱深，瞄準時機，一舉擊敗了氣勢洶洶的魏軍，成為幾千年戰爭史上以計制勝的著名篇章。

這則戰例為我們的辯論帶來了莫大的啟示：當我方與敵手旗鼓相當或實力稍遜於對手，不宜激烈交鋒時，為達事半功倍的效果，當進行有策略、有步驟的後撤，表面上給對方一個消極被動的假象，實質上，我方則是掌握了確定決戰時機的主動權，牽著敵人的鼻子，一環扣一環的將對方引進我們早已布好的口袋陣，一旦時機成熟，便來個甕中捉鱉，給予毀滅性的打擊。

大學生辯論會，辯手們個個雄辯滔滔，若要在機敏過人，同時策略安排明晰，準備充分詳盡的辯敵面前施展誘敵深入戰術，誘餌必須更加精巧。我們來看看某一年亞洲大學辯論會上的一場，辯題是「發展旅遊業利大於弊」。很顯然，發展旅遊業到底利大是弊大，不能籠統而論，但是因為辯題本身並沒有

266

提出任何條件，所以任何一方加上條件就可能視為跑題。反方隊料到正方會列舉大量國家，由於什麼原因讓旅遊業成功了，想以此證明發展旅遊業確實是利大於弊。這種論證方法可以說是順理成章的。針對這種情況，反方隊經反覆研究，終於找到了一個突破口，即向正方隊指出：你們列舉了那麼多成功的例子，意思無非是說因為具備了這些條件，這些國家的旅遊業才發展得好，但很遺憾，本辯題並不是「在一定條件下發展旅遊業利大於弊」，所以首先你們跑了題。其次，如果你們所說的這些條件不具備，發展旅遊業還能說是利大於弊嗎？

乍一聽似乎言之有理。其實，這是一種詭辯，因為不管論述的是發展旅遊業利大於弊，還是弊大於利，都是指在一定條件下的發展。反方隊指責正方隊的觀點偏離成了「在一定條件下發展旅遊業利大於弊」，正方隊也可以反揪反方隊是在堅持「在某些條件下發展旅遊業利未必大於弊」，可是我們也不得不承認，在準備時間倉促，辯題於己不利的情況下，除此之外，反方隊一時也的確難找到其他更好的突破口了。那麼，反方隊怎樣巧妙的運用了步步連環、誘敵深入的戰術呢？請看下面的紀錄：

正方：香港中旅社總經理陳有生說過，旅遊業是無煙工業，不僅可賺大量外匯，為社會現代化提供資金，而且增加各國人民的了解和友誼，推動本國國內相關行業發展，增加就業人數，促進精神文明，請問反方同學，他說得對嗎？

第十二章　請君入甕，出奇制勝

反方：對方同學，我請問，「君自故鄉來，應知故鄉事」，我請問，香港發展旅遊業的弊處，恐怕你們不會不了解吧？

正方：香港有什麼弊處呢？我真的看不出來。我倒想問反方同學，如果你們說，發展一件事，要樣樣條件都具備的話，那發展還有什麼意味呢？

反方：我想請問對方同學，你們剛才說發展旅遊業的後遺症不是人為的，那麼，發展旅遊業帶來這麼多弊處是誰造成的呢？

正方：我們沒有說過不是人為的，這些弊處正是人為的。

反方：但是這些弊處你如何去消除它呢？

正方：我方剛才一直強調的是，發展是一個理智的、有計畫的過程，現在反問反方同學，有哪些對國家人民有利的條件是發展旅遊業所必須排除，或者有哪些對國家人民有害條件是發展旅遊業所必須建立的呢？

反方：我並不認為這個世界完全是一個理性的世界，如果是這樣，我們今天的世界上哪還有這麼多的罪惡呢？

正方：我方也承認，在目前情況下有些國家是不適宜發展旅遊業，Sorry，是不適宜旅遊業，但是，這並不表示他們不適合發展旅遊業啊！

反方：那麼，對於這些不適合於發展旅遊業的國家，它是不是發展旅遊業就弊大於利呢？

正方：我想你理解錯了我的意思，我只是說不適合旅遊業，並不是說不適合發展旅遊業。

反方：我看不出來這兩個問題有什麼區別？

正方：噢！我真的非常驚訝反方同學，竟然把題目誤會到這種地步！一件事的存在和去發展一件事，大家都明白是截然不同的呀！

反方：正是因為你們篡改了題目，把題目說成在一定條件下發展旅遊業才是利多弊少，所以才造成你們這樣的誤解。

我們很清楚的看到了，自反方隊提出「君自故鄉來，應知故鄉事」，以此逗引正方隊開始，直至最後拋出核心論點，雙方共往來了七個回合。前四個回合，反方隊實際上是「虛晃一槍，撥馬而回」。請看「香港發展旅遊業的弊處，恐怕你們不會不了解吧？」此問題近乎愚蠢，「發展旅遊業帶來這麼多弊處是誰造成的呢？」、「這些弊處你如何去消除它呢？」……辯論本來是忌諱這種提問的，因為它為對方展開自己的論點創造機會。實際上這段辯論中反方隊只問對方，本方論點並未闡述，顯得胸中無術、口中無詞、且打且退。而後來，則開始迂迴包圍，因為正方隊已步入「具體條件」的陷阱。請看反方隊的最後一擊：「……你們設定的一個條件，就等於跑了題。……對於那些不具備這些條件的國家來說，他們發展旅遊業利在何處呢？請問世界上能夠具備新加坡或者瑞士你所舉的這樣的例子、這樣的國家，有多少個呢？你們在辯論中並沒有回答這個

問題。恰恰是我們列舉了一些弊處，同時又充分評估了他們的利處，兩者比較……」

對於這種「誘敵深入」戰術的運用，我們還是用反方辯論隊自己的回憶、總結來進一步說明吧！首先看一看他們是如何進行賽前準備的：「僅從題目表面上看於我不利，我們不能與對方正面硬拚，必須要找到一個新的角度，出奇制勝。辯證法的原理我們都很熟悉，凡事都有兩個方面，都可以找到一些於我有利的東西。……經過以上分析，我們終於找到出奇制勝的辦法。以『條件論』作為我們辯論的基礎。」、「我們為對方設下雙重圈套，他們要是承認發展是有條件的，那麼我們就分析這些條件能否成為現實，如果不能成為現實，就是說明了反面。如果對方不承認有條件，那麼必定走入極端，這樣他們必輸無疑。先前有個大學在預賽中敗北不是輸在口才技巧上，而是走了極端。這種教訓，其他學校不會不吸取的，所以，他們必須和我們一起進入條件的討論，實際上就是進了圈套。」

由此可見，反方隊在辯論中那些「虛晃一槍」的提問，不正面回答對方問題，看似「只有招架之功，並無還手之力」，實則佯退。正如他們自己在談感想時洩露的「天機」：「不可否認，離開一定的條件發展旅遊業必是弊多利少。而在這些條件上我們就可以充分的發揮，可以加進一些渲染氣氛的極端的例子，比如到柬埔寨、阿富汗發展旅遊業是利多還是弊多等

（二）以退為進，誘敵深入

等。」這樣就引對方入了對自己有利的圈套 —— 條件的討論對我們是輕車熟路的，……因為我們都是學經濟的，平時對於這些方面的知識注意較多，所以要實現以上策略意圖是獲勝的關鍵。」

為了對「誘敵深入」戰術有一個更具體的認識，反方辯論隊下面這樣一段總結我們不妨認真思索一番：「首先應認真分析對方可能採取的進攻方式，可以提出的問題，並一一做出相應對策。在臨場時，在對方攻擊自己準備最充分、最有說服力、最能夠吸引觀眾、說服評審的問題時，暫時避而不答，含而不露，向對方造成防守空虛的假象，一旦時機成熟，把對方引入圈套以後，突然拋出最有力的論點或論據，使對方措手不及、無言以對。」

顯而易見，運用這些招術的前提都是你必須握有一個比較有說服力乃至強有力的觀點，說得具象一點，就是一支伏兵。你的後撤是因為時機尚未成熟，你尚沒有獲勝的把握。但是，只要你退得有策略，退得積極主動，一旦找準對手立論的薄弱點，便能迅速調動伏兵，施以有力的反擊，那麼，勝利就會大踏步的向你走來。

以退為進的意思是指以退讓的姿態作為進取的階梯。舌戰中的以退為進表現為先讓一步，順從對方，然後爭取主動，反守為攻。

第十二章　請君入甕，出奇制勝

據說，德國末代皇帝威廉二世（Wilhelm II），最愛吹牛。有一次，他到英國訪問，公然聲稱他是唯一對英國友善的德國人，因為有他，英國人才不至於被蘇俄和法國所糟蹋；也是由於他，英國才打敗了南非的波耳人。這樣一些令人難以置信的話，竟出自一位皇帝之口，歐洲各國議論紛紛，英國人尤其憤怒。德國的政治家們驚惶失措，不知如何是好。

德皇意識到自己犯了錯誤，但又沒有勇氣承認，於是他找來大臣布羅親王，想讓他做自己的代罪羔羊。他授意布羅親王：是他建議皇帝說了那些荒唐的話。布羅親王當然難以接受威廉二世的授意。德皇為此大為惱火。

為了說服德皇，布羅親王調整了策略，對德皇說：「微臣沒有資格說剛才的話。陛下在許多方面的成就，臣都不敢望其項背。軍事知識如此，自然科學的知識也如此。臣曾聽過陛下談論晴雨表、無線電和 X 光，而我在這方面幾乎一無所知。」

「但是，」布羅親王繼續說，「臣正好有些歷史方面的知識，這可能對政治有些用途，尤其是外交政策。」

僅僅這幾句話，使德皇轉怒為喜，他笑著安撫布羅：「老天！我不是常告訴你，我們是最佳搭檔，互補有無嗎？我們應該永遠在一起，我們會的！」

布羅親王就這樣奇蹟般的平息了傲慢自負的德皇威廉二世的惱怒情緒。他使用的正是論戰中的以退為進術。

（二）以退為進，誘敵深入

　　以退為進術就是在論辯中避免正面衝突，做一定程度的退讓，緩衝對方的心理和情緒，調整進攻的策略和方向，伺機反撲，克敵制勝。

　　1945 年 7 月，中、美、英、蘇四國敦促日本無條件投降的波茨坦公告規定，設立遠東國際軍事法庭，在日本首都對戰犯進行審判。中國是受降國之一，梅汝璈作為中國法官參加審判。

　　開庭前為了法庭上的座次問題發生了爭議。在審判法庭上居中坐首席的是庭長，已經盟軍最高統帥麥克阿瑟指定，由澳洲德高望重的韋伯（Webb）法官擔任。庭長以外還有美、中、英、蘇、加、法、新、荷、印、菲等十國法官。庭長右手的第一把交椅，似乎已屬於美國法官。為了庭長左手的第一把交椅，各國法官爭論甚為激烈。

　　梅汝璈意識到他是代表四億五千萬中國人民和千百萬死難同胞，來遠東國際法庭清算戰犯罪行的。當時中國雖稱為「世界四強」之一，可是徒具虛名。面對這些各執一詞、互不退讓的八國法官，為了國家的尊嚴和榮譽，應該當仁不讓。梅汝璈當眾宣稱：

　　「若論個人之座位，我本不在意，既然我們代表各自的國家，我還需要請示本國政府。」

　　一句話將各國法官驚呆了。試想九國法官都要請示本國政

273

第十二章　請君入甕，出奇制勝

府，本國政府的指示來了，彼此不一致又將怎麼辦？照這樣到哪一天才能排定席次？梅汝璈趁大家不知所以然的靜場機會，正面提出自己的觀點。

「另外，我認為法庭座次應按日本投降時各受降國的簽字順序排列才合理。今天是審判日本戰犯，中國受日本侵害最嚴重，而抗戰時間又最長久，付出的犧牲也最大。因此，有八年浴血抗戰歷史的中國應排在第二位。」

與各國法官漫無原則的紛爭相比之下，梅汝璈提出的中國應排第二把交椅的理由，顯得無可置辯，法官們提不出什麼異議來。

可是，到了開庭的前一天預演時，庭長韋伯突然宣布入場順序是美、英、中、蘇……梅汝璈看出如果預演時不據理力爭，次日開庭的座次就因襲排定了。他立即提出抗議，並脫下黑色絲質法袍，拒絕登臺。他說：

「今天預演已經有許多記者和攝影師在場，一旦明天見報，便是既成事實。既然我的建議在同仁中並無很多異議，我請求立即對我的建議進行表決。否則，我只有不參加預演，回國向政府辭職。」

庭長韋伯只得召集法官們表決，最後按日本投降書各受降國的簽字順序：美、中、蘇、加、法……排定入場先後和法官座次。

在唇槍舌劍的交鋒之中，一味的強攻疾進是不可能的，就

像打出拳頭之前要先收回拳頭一樣，所以有時為了出擊有力，還須適當退卻。只有始終牢記目標，洞察進退的利害，掌握進退的時機和分寸，以退為進，進退自如，才能控制主動，穩操勝券。

在這場圍繞著法庭座次問題的論辯中，代表中國法官參加審判的梅汝璈靈活而有效的實施了這一策略戰術來維護國家的尊嚴和榮譽。當他看見各國法官無視中國當居法庭第二位的充分理由而各執一詞時，立即當眾宣稱：「還需要請示本國政府」，表面上似乎是暫時退出爭論，其實是讓大家不知所措。如果各國都來個「請示本國政府」，何年何月才能收回「指示」，各國政府「指示」不一，又到猴年馬月才能統一？這一招奏效後，他立即轉退守為進攻，義正辭嚴的提出了按照日本投降時各受降國的簽字順序排列的方案。並無可置辯的闡述了受害深重的中國應當居第二位的理由，使各國法官無可異議。然而第二天預演時有人從中作梗、突然發難，企圖用既成事實逼迫中國法官就範，梅汝璈又來了個二「退」：表示抗議，聲稱得回國向政府辭職，但「退」中有「進」，要求立即對自己的建議表決。這一招，梅汝璈是胸有成竹的，因為中國法官一退出，審判只能推後；而法官們要表決又只能採取對當時唯一的由中國法官的提議表示贊成或反對的辦法。表決結果證明，梅汝璈的以退為進的策略是英明的，中國法官排在了第二個席次。

第十二章　請君入甕，出奇制勝

　　讓我們再來看下面這段辯論：

　　甲：這種學習中的惰性現象是普遍存在的，雖然不為人們所覺察。正像人們的潛意識是存在的一樣，雖然它並不像有目的、有意識的行為那樣顯而易見。請問對方同學，你們能夠否認潛意識的普遍存在嗎？如果是那樣，你們就不要反駁我們了！

　　乙：我們承認惰性現象帶有一定的普遍性，但這不等於它就在直接發生作用。比如我們說人身體帶菌是一種普遍現象，但這並不等於人人都有病。就拿潛意識來說，的確是普遍的，但我們現在與對方辯論，包括我現在反駁你們，恰恰並非潛意識的作用，而是一項有意識的、自覺的行為。

　　甲：請問這位對方的 4 號辯論員，你已承認了潛意識是普遍存在的，而且你能否認你現在的反駁也有潛意識的成分嗎？

　　乙：我當然承認有潛意識，甚至它在一定程度上還很有作用。但潛意識畢竟不是直接的和決定性的。如果我們的辯論是靠潛意識、靠盲目衝動的行動來決定勝負的話，那我現在就想提請評審宣布我們失敗，把冠軍讓給對方了！（笑聲、掌聲）

　　甲：我想提請對方注意，你們是不是把話題扯得太遠了！

　　乙：是有點遠了，我向大家道歉！也請大家原諒，因為如果不是對方先提到潛意識問題，而且還直接點我的將的話，我是很不願意用這些來占用對我們大家都很寶貴的時間的！（掌聲）

上面是某大學圍繞「當前我校學習氣氛不佳」這一論題進行的辯論賽的一個片段。在這一個回合裡，乙方的優勢是明顯的。乙方 4 號的一個突出特點是：每當對方進攻，都來個暫時的後退。就在這一後退當中，對方咄咄逼人的鋒芒落空了，而主動權反而被乙方牢牢握在手裡。如果說乙方 4 號的前兩段發言是先退後進、退一步進兩步的話，其第三段發言簡直就是以退為進，寓進於退 —— 既道歉認錯，又請求「原諒」，而實際上不過是在替對方認錯而已，因為錯的恰恰在甲方。這種退進交替、退中有進、名退實進的招術，是頗有可讚嘆之處的。

　　乙方 4 號辯論員較好的掌握了這種指導方向。你說惰性的潛意識普遍存在，我承認，這不要緊，關鍵在於同學們學習的自覺性沒有泯滅。你說我扯開了話題，我也承認，這也無妨，關鍵是我論證核心思想是獲勝了，我要保住這一主要部分的成果。

（三）欲擒故縱，迂迴制敵

　　欲擒故縱術運用於舌戰中的意思是：面對勁敵，不從正面進攻，而是先讓一步，驕縱對方，使其失去警惕，露出破綻，然後乘機圖之。

　　欲擒故縱術，是以擒為目的，以縱為手段，為了達到擒敵之目的，必須先做暫時的讓步，為了「擒」必須付出「縱」的代價。

第十二章　請君入甕，出奇制勝

　　美國著名的成人教育家戴爾・卡內基（Dale Carnegie）在紐約舉辦訓練班時，租用的是一家大飯店的大禮堂。辦至中途，他忽然接到通知，要他付比原來多 3 倍的租金。後來打聽到，原來是飯店經理為了賺更多的錢，打算把場地出租給另外的人舉辦舞會或晚會。

　　卡內基找到了飯店經理，對他說：「假如我處在你的位置，或許也會寫出同樣的通知。你是這家飯店的經理，你的責任是讓飯店盡可能的多獲利。你不這樣做的話，你的經理職位就難保住。……大禮堂不出租給講課的，而出租給舉辦舞會、晚會的，那你可以獲大利了。因為舉行這一類活動的時間不長，他們能一次付出很高的租金，比我這種租金當然多得多。租給我，顯然，你吃虧了。」

　　卡內基鬆弛了對方的戒備情緒，緩和了氣氛之後，繼續說：「但是，你要增加我的租金，結果將會是降低收入。因為，實際上等於是你把我趕跑了。由於我付不起你所要的租金，我勢必再找別的地方舉辦訓練班。要知道，這個訓練班吸引了成千的有文化的、受過教育的中上層管理人員，這些人到你的飯店來聽課，實際上產生了免費為飯店做活廣告的作用。可以這麼說，你即使花 5,000 元在報紙上登廣告，也不能邀請這麼多人親自到你的飯店來參觀，可我的訓練班為你邀請來了，這難道不合算嗎？」在卡內基的說服下，飯店經理放棄了增加租金的要求，讓訓練班繼續辦下去。

（三）欲擒故縱，迂迴制敵

卡內基成功的說服飯店經理的方法就是欲擒故縱術。他先迎合飯店經理的心理，使對方放鬆戒備，然後陳述利害關係，成功的使經理放棄了原來的主張。如果卡內基單刀直入，正面衝突，一味指責對方不履行協議，必然傷害對方的自尊心，致使矛盾激化，肯定不能達到理想的論辯效果。

《三國志》中有這樣一例：

有一次，曹操部下管理倉庫的官發現曹操用的馬鞍被老鼠咬壞了，心裡十分害怕曹操會認為此事不吉祥而治他死罪。曹沖獲悉此事，對這個官吏說：「你別怕，我有辦法，你過三天就到曹操面前自首，我保管你沒事。」曹沖說完，就故意把自己的衣服戳破，就像被老鼠咬壞的樣子，然後滿臉憂愁的跑到曹操跟前。曹操見狀，忙問其故，曹沖說：「人們都說衣服被老鼠咬破是衣服主人不吉祥的徵兆，現在我的衣服被老鼠咬了，愁死人了。」曹操忙勸慰說：「這全是無稽之談，何用發愁呢？沒事！」後來，管理倉庫的官吏帶上被鼠咬壞的鞍來向曹操請罪，因為前面的事曹操還記憶猶新，他只得一笑了之，從而使管倉庫的官吏倖免於死罪。

曹沖故意戳破衣服，並在曹操面前作發愁狀、發愁語，目的只有一個，就是要讓曹操說一句話：「衣服被老鼠咬壞，絕非不吉祥之兆！沒事！」因為有了這句作為大前提，由這個普遍性的結論推及個別，不慎讓老鼠咬破了曹操馬鞍的管理倉庫的小官吏，就沒有因不祥之兆而遭殺身之禍了。曹沖的聰明，

在於他巧妙的設置了一定的環境條件，請君入甕，誘使曹操在毫無戒備之中，說出了自己為小官吏開脫所需要的觀點，從而不得不按照曹沖的需求就範，寬容了管倉庫的官吏。

《莊子‧秋水》篇中的「濠上之辯」則更是有名的採用「欲擒故縱」術強辯的佳例：

莊子與惠子是一對博學好辯的好朋友。一天，他們信步來到濠水的橋上，莊子俯視著水中的魚，頗有感觸的說：「能夠自由自在、從從容容的游來游去，這就是魚的快樂呀！」

惠子很不以為然的說：「你又不是魚，怎麼知道魚的快樂呢？」

莊子立即反問道：「你又不是我，又怎麼知道我不知道魚的快樂呢？」

惠子仍然不服氣的說：「我不是你，當然不知道你；但是你也不是魚，所以你也不知道魚的快樂，道理全在這裡了！」

莊子據理力爭道：「請遵循你立論的根據吧。你說『你怎麼知道魚的快樂？』這句話表示你已經知道我不了解魚的快樂，又來問我，那麼我告訴你，我是在濠梁上面知道的。」

惠子對莊子的詰難，包含著一個「大前提」：不是甲的任何事物，都不可能知道甲，並以此來否定莊子對魚的快樂的議論。莊子沒有正面陳述魚是否快樂，而是欲擒故縱，先退一步承認惠子「大前提」是對的：我不是魚，我不能知道魚的快樂，那麼同理，你不是我，你又怎麼知道我不了解魚的快樂

呢？這一駁，惠子的處境十分被動了，因為否定後者，也就會否定「大前提」，同時也就否定了前者。所以惠子不甘心，繼續想按照原來的「大前提」推出「我不知道你，你也不知道魚的快樂」這兩個結論，然而，前一句的「我不知道你」與後面包含的「我知道你不知道魚的快樂」是自相矛盾的兩個判斷，一下子就讓莊子抓住了。

（四）選準時機，全力反攻

採用請君入甕戰術的最後一個關鍵就是要把握機會，全力進攻。我們仍以某一次電視辯論大賽決賽反方隊的勝利為例。

反方隊貫徹請君入甕戰術，到了自由辯論階段便開始了他們的全面反攻：

正方：我仔細聽了對方同學的發言，對方無非是說先要立上一個目標，再去破，那麼我想請問，你立的這個目標是憑空而來的嗎？是天上掉下來的禮物嗎？（掌聲）

反方：先立了一個目標，不就是先立嗎？我要請問對方同學，你們所說的不破不立是以破字當頭呢？還是以立字當頭呢？

正方：立的目標從哪裡來呢？貴校校長說得好，我們學校要發展，要確立我們的目標，首先要衝破傳統觀念的束縛，大膽的開放思想，不就是不破不立嗎？（熱烈掌聲）

反方：說得好，正是因為我們校長立了一個開放思想的觀念，所以我們學校才能做到不立不破嘛！我想再次請問對方同學，事物有先後，位置有主次，請問你們是破字當頭呢？還是立字當頭呢？

正方：還是請對方同學告訴我們吧，你們立的目標倒是從哪裡來的呢？是不是像孫悟空一樣從石頭裡蹦出來的呢？（掌聲）

反方：立的目標當然是從實踐中來，我要請問對方同學，我們的國家是以建設為主啊，還是以動盪為主？

正方：好，立的目標始終是從實踐中來，實踐就是一個改造自然、改造自身，不斷破舊立新的過程啊！（掌聲）

反方：對方同學總是不回答我們立與破，誰是根本，其實對方同學的觀點是「破」字當頭，這樣會導致天下大亂的唷，對方同學。

正方：我們從來沒說過破是根本，我們說的是破是立的前提。放在前面的就是根本嗎？女士先請，難道說女士是根本，男士就不是根本了嗎？（笑聲、掌聲）

反方：感謝對方同學已經承認了破是在立之先，那我要請問對方同學啦，不破就不能立了嗎？如果我們的鞋子穿舊了，那是不是要所有的人把鞋子都扔了，光著腳跑去買新鞋呢？我們大家又不是赤腳大仙。（掌聲）

（四）選準時機，全力反攻

正方：我們說的這個破舊，這個舊是阻礙歷史發展的舊，不是一個舊鞋子的舊，比如說，我們的主管部門還繼續讓我們的下屬企業穿小鞋的話，這種鞋子不破掉，怎麼能立市場經濟啊！

反方：對方辯友說得好，那不就是因為我們的主管部門都讓所有的人穿上一視同仁的鞋，所以才能破立小鞋嗎？

正方：按照對方的觀點，那就是說先有小鞋，然後再破小鞋，那不就是立舊破舊，難道對方的不立不破就是這樣的觀點嗎？（掌聲）

反方：對方辯友還是不要讓我們在一雙鞋子裡面來討論關於不立不破的問題吧（掌聲、笑聲）。讓我們來看看，按照對方這樣的觀點，就是說，我們找到第二職業的人首先一定要扔掉第一職業呀！

正方：所以第二職業才造成了這麼多無序和混亂啊。我也想問對方同學，按照你們那個先立再破的觀點，我們在中央銀行改革的情況下是不是要先立一個新的中央銀行，再去改那個舊的中央銀行呢，這樣金融界有了兩個中央，豈不是天下大亂啊！

反方：我想請問對方同學，你們說不破就不能立，那麼貴校即將成立「雄辯家協會」，請問這要以破壞什麼為代價呢？（掌聲）

第十二章　請君入甕，出奇制勝

正方：難道你們所主張的破就是破壞嗎？那對方的觀點是不立不破，你們立到最後就是要破壞呀！

反方：我終於明白對方的意思了。對方同學的意思就是把一切破壞掉之後，然後新生事物就像豆芽菜一樣，撲哧撲哧的冒出來啦（笑聲），這可是一個神話呀！（掌聲）

正方：對方同學把破等同於破壞，我看今天這個辯題出得真好，對於改善對方同學這種錯誤認知大有必要啊！

反方：我要請問對方同學，你們一直在說破來破去，我請問對方同學，你們用什麼去破呢！怎麼樣去破呢！

正方：用什麼破，那看做什麼了。開山修路拿鏟子破，解剖麻雀用刀子破，愛情的迷霧當然要用真情破啦！（笑聲、掌聲）

反方：對呀，對方辯友拿起了鏟子，拿起了刀，這不就是立的觀點嗎？所以說對方同學還是沒有解決用什麼去破，請問這種破是空穴來風，還是有憑有據呢？

正方：請問對方同學到底是立什麼破什麼，是不是立新破舊，那麼鏟子、刀子這些也成了對方要立的新東西啦。

反方：對方同學說得好，要立新才能破舊，這不就是證明了我方不立不破的觀點嗎？對方同學說新舊不能並存，那麼我就不明白了，文學史上詞產生了，詩可沒有銷聲匿跡啊！

正方：那麼你認為，詩是阻礙歷史發展的舊事物，應該去破嗎？

（四）選準時機，全力反攻

　　反方：對方同學顯然顛倒了這樣一個本末的關係。我們當然是先發明了彩色電視嘛，對方同學難道是說我們要先把黑白的都砸破了，彩色電視就會冒出來嗎？（掌聲）

　　正方：對方同學對破的理解還是簡單的停留在破壞的基礎上。我們不滿於黑白電視那種看不清楚的狀況，因此才有了發明彩色電視的願望啊。這不還是不破不立嘛！

　　反方：讓我們從彩色電視回到房子來說吧。（笑聲）許多老百姓都主張先建新樓房，然後再拆遷。

　　正方：可是茅屋不把它推翻，又怎麼建立起高樓大廈呢？

　　反方：那對方同學的意思是說先把舊房子一股腦都推倒了，然後再建新房子，那老百姓只好睡馬路上去了。（掌聲）

　　正方：對方同學的觀點無非是說不需要破，就可以立。那麼就看看歷史上不破就立的例子。比如說洋務運動。它不希望打破清朝的舊制度，就立起了一個強大的中國。可是呢，好不容易立起來一個北洋水師，到最後怎麼樣？被日本人給破掉了。

　　反方：談到歷史就談談歷史。如果當初哥白尼（Copernicus）不創立了「日心說」，又如何破掉那個「地心說」呢？

　　正方：可是如果不打破教會的專制與權威的話，哥白尼恐怕也像布魯諾（Bruno）一樣被燒死了。

　　反方：如果他沒有建立一個新觀念的話，又如何去打破那時的觀念呢？我要請問對方辯友，你們的意思是不是說，如果

285

第十二章　請君入甕，出奇制勝

我們想達到一種破鏡重圓的境界，就非得把所有的鏡子先給打破呢？怪不得現在的離婚率那麼高。（笑聲、掌聲）

正方：對方說的無非是說要先立出一個觀念來，那我想請問了，人的正確觀念是從哪裡來的呢？是從天上掉下來的嗎？不是。是人的頭腦中固有的嗎？也不是。是從破舊立新的實踐中來的。

反方：對啊，實踐，實踐不就是為了明天更美好嗎？我想請問對方同學，破了不一定要立啊！前一陣的開發區熱就是因為沒有立好整體規畫，結果就破土為地，最後呢，開發，開發，開而不發啊！

正方：是啊，我們今天不大力突破改革，怎麼能建立起幸福的明天啊！

反方：對方同學的意思，破就是實踐，那麼推土機就是最大的實踐者了？（掌聲）

正方：假如沒有推土機這樣的實踐的話，你怎麼去破土動工，怎麼去蓋大樓啊！

正方：對方要講歷史，那我們就從最古老的歷史開始講起。如果人類不破除四條腿走路的陋習，那麼今天我們怎麼立在這裡，和對方隊友辯論呢？（笑聲、掌聲）

反方：對方辯友的意思那就是說，所有的人要站立行走，就得把所有的猴子趕盡殺絕囉！（笑聲、掌聲）

（五）巧言說服，有理不在聲高

　　按照相關部門的規定，在某劇場門口不許賣瓜子、花生之類的零食食品，怕的是影響環境。獨有一位老太太可以例外。用劇場管理員的話說：「這老太太年紀大，嘴巴利，人有叫她鐵嘴，不好對付，只好睜隻眼閉隻眼。」

　　某日，市裡檢查環境，管理員小王要老太太迴避一下。

　　「老太太，快把攤子挪走，今天這裡不許賣了。」

　　「往常可以賣，今天不准了，難道世道變了？」

　　「世道沒變，檢查團來了。」

　　「檢查團來了就不許賣了，檢查團來了還不許吃飯呢？」「檢查團來了，環境不乾淨要罰款的！」小王加重語氣道。「環境髒了罰款，他肥肉吃多了拉肚子，還是罰賣肉的款嗎？」小王悻悻的敗下陣來。這時，旁邊一位看管停車的老先生走過來說：「老太太，妳沒日沒夜的工作、賺幾個錢挺不容易的，要是檢查團的人來了，真罰妳的款，妳還能打場官司不成？檢查團不會天天來，飯可得天天吃的。」老太太一聽說：「還是老薑辣，我走，我走。」

　　道理都一樣，為什麼效果不同呢？

　　關鍵兩者的說話方式不同，小王說話簡單，以公事壓人往往令人產生反抗心理；而老先生的話卻是幾分利害，幾分情理在一塊，淡化了老太太的反抗心理，達到了勸人的目的。

第十二章　請君入甕，出奇制勝

　　常言說：「有理不在聲高」，論辯中不要給人一種得理不饒人的感覺，否則會激起對方的反抗心理，使他不願放棄錯誤而與人強詞奪理，同時要把道理講深，講透，不能口號似的重複幾句理由，而不做一些必要的交代。

　　清朝名將年羹堯，某次出師不利，潰敗途中碰到一位窮秀才，舉刀砍殺時怒問道：「你說，我是殺你，還是不殺。」書生坦然答道：「殺我，不失將之威。不殺，不失將軍之德。」

　　年羹堯聽之，不但未殺，還叫部下送些銀兩給書生作盤纏。

　　書生死裡逃生的訣竅在於他牢牢掌握了年羹堯的挫折心理，讓他無論是「殺」、「不殺」都保住了「威」與「德」，使他的心理獲得了平衡。

第十三章 反話正說，引申歸謬

（一）裝糊塗難倒夫差

聽說晏嬰要出使吳國，吳王夫差便對大臣們說：「都說晏子雖然身材矮小，卻十分善辯，我想試試他的舌頭到底有多快。」

晏子到了吳國，要拜見夫差，等了好久才有吳王的侍衛過來不冷不熱的喊道：「天子接見！」

晏子心裡一震，怎麼，吳國和齊國都是周朝的諸侯國，只有周君才能稱天子，吳王怎敢冒稱自己是天子，我齊國豈不成了他的屬國？這是對周朝的不尊和對齊國的侮辱。想定了，晏子像沒聽見一樣，坐著動也沒動。

侍衛瞪了他一眼，又扯開嗓門高喊：「天子接見！」

還是「天子」，晏子坐得更穩了。

侍衛見晏子旁若無人，只好走到跟前，施個禮說：「天子接見您。」

晏子仰臉四處看看，自言自語的說：「哎呀，我晏子怎麼糊塗成這樣，你看，今天我受齊國國君派遣，到吳國去商量國事，怎麼連方向都弄混了，竟然走到周天子的大殿裡來了，抱歉，抱歉！」

這是一種以「自殺」殺人的辭令，侍衛當然對付不了，他正在思考怎麼辦，晏子又主動問起來了：「守衛，我要找吳王，請問該怎麼走啊？」

侍衛好像有了下臺的臺階，趕緊說：「您等等，我去去就來。」

吳王聽了侍衛的報告，知道晏子不好惹，只好傳話：「夫差請見。」

晏子這才氣宇軒昂的進宮去見吳王。

（二）羅西尼巧言評曲子

羅西尼（Rossini）是 19 世紀著名的義大利作曲家，有一天家裡來了一位自命不凡的作曲家，帶著自己新譜的一首曲子請羅西尼評價。當這個作曲家洋洋自得的彈奏他的曲子時，只見羅西尼頻頻脫帽。演奏完後，作曲家好奇的問：「是屋子太熱了，還是曲子裡有一些叫您起敬的地方？」羅西尼回答道：「不，我見到熟人，有脫帽致意的習慣，在閣下的曲子裡，我碰到那麼多的老相識，我不能對他們失禮呀！」這個作曲家一聽，知道自己從別人的曲子裡七拼八湊的這個東西被羅西尼識破了，先前的高傲勁一下子飛得無影無蹤了。

（三）使你生意「翻一倍」

一顧客在一家酒館喝酒。當他喝完第二杯啤酒之後，轉身問老闆：「你們這裡一星期能賣掉多少桶啤酒？」

「35 桶。」老闆不無得意的說。「那麼，我倒想出了一個能使每星期賣掉 70 桶的辦法。」顧客說。

老闆既高興又驚訝的問：「什麼辦法？」

「這很簡單，」顧客不無嘲諷的說：「你只要每次將每個杯子都裝滿啤酒就行了。」

顧客採取誘「敵」深入的辦法，先拋出誘餌，引老闆上鉤，然後譏諷的指出他以少充多，坑騙顧客的惡劣行為，並含蓄的要求他予以改正。這比大吵一頓效果要好上百倍。

（四）馮玉祥以謬制謬

馮玉祥任陝西督軍時，有兩個外國人私自到終南山打獵，打死了兩頭珍貴的野牛，還狡辯說：「我們這次到陝西，貴國的外交部發給的護照上，不是寫著准許攜帶獵槍嗎？可見我們行獵已得到貴國政府的准許，怎麼是私自行獵呢？」

馮將軍馬上反問：「准許你們攜帶獵槍，就是准許你們行獵嗎？若是准許你們攜帶手槍，難道你們就可以在中國境內隨意殺人嗎？」

兩名外國人在終南山打死了珍貴的野牛，追究其罪責時還狡辯：貴國外交部准許攜帶獵槍，就是准許行獵，所以不是私自行獵。馮玉祥將軍根據對方的論證，提出一個相似的事例進行類比，以此揭露其論題的荒謬性：准許攜帶手槍，不就可以

隨意殺人了！這個結論顯然是荒謬的，以此反推，不是私自行獵的觀點也是站不住腳的，兩個外國人對此啞口無言。

（五）妻子反駁丈夫的理由

在某報上登有一樁夫妻不和的故事：

丈夫埋怨妻子拋頭露面，出遊活動還乘興在海濱公園穿著泳裝照了張團體合照。「荒唐，還合照呢！儘管都是站著的，但總是在一個平面上呀，假如各自後仰九十度，或者大地像床褥那樣可以往上轉折九十度，將是何種景象？……」妻子氣急了，大哭出門，後經人啟發也推出一條妙理：

「你不也是天天要擠公車嗎？擠車時推推撞撞，人與人貼得可緊啦，在尖峰時間耳鬢廝磨也是常有的事，比日光浴並排站豈不是更加親熱？照你的邏輯推理豈不更加荒唐？」

丈夫沒想到還能被頂回來，頓時鬧個大紅臉 —— 沒了脾氣。

丈夫的論題是：妻子與其他人穿泳裝站著，如果後仰或前折 90 度，將是何種景象？這是委婉的反對，但即使這樣也讓妻子受不了，因為有損人的尊嚴。對這種歪理，妻子的反駁非常絕妙。她根據對方的論證，提出一個相似的情形予以類比：擠車時人貼人，如果後仰或前折 90 度，那還了得？豈不更加荒唐！把丈夫的歪理給頂了回去，為夫妻間的爭吵畫了一個

既有力又幽默的休止符，溫和的結束這種無聊而又傷人感情的爭辯。

（六）「無鬚之輩不是人才」

西元 1589 年，西班牙君王菲利普二世（Felipe II de España）派了一名年輕的陸軍統帥去向羅馬教宗西斯篤五世（Sixtus PP. V）祝賀即位登基。教宗一見，十分不滿：「難道貴國人才不濟，為何派一個無鬚之輩充當使臣？」

年輕的西班牙使臣說：「倘若我王懂得，德才如何是在於鬍子長短，那就可以派一隻山羊來恭聽高論了。」

教宗的觀點是無鬚之輩不是人才，不能充當使臣。年輕的西班牙使臣以此論順推引申出「如果說德、才在乎鬍子的長短，那麼有鬚的山羊便可以來恭聽高論」的荒謬結論。由此再利用充分條件的假言推理的否定式反推，教宗觀點的荒謬性就暴露無遺：人才怎麼能以鬍子的長短來衡量呢？

（七）你們身上一定有牛的血統

加拿大前外交官切斯特·朗寧（Chester Ronning）1893 年出生於中國湖北襄陽。其父母為美籍傳教士。朗寧出生後喝的是中國奶媽的乳汁。他 30 歲時參加議員競選，受到反對派攻擊。他們說，你喝中國人奶長大，身上一定有中國人的血統，

因而不能參加競選。朗寧反駁說：「你們之中有沒有人喝過加拿大牛奶呢？你們身上不是也有著加拿大牛的血統了嗎？當然，你們可能既喝過加拿大的人奶，又難免喝過一些加拿大的牛奶，你們豈不都成了人牛血統的『混血兒』了？也許你們長大了，不僅靠『喝』，自然還得『吃』，吃雞肉，吃牛排，吃羊腿……這樣一來，你們的血統一定是很難認定了。」

西方競選時遭受攻擊，尤其是人身攻擊，這在馬克吐溫的《競選州長》中已有較為集中、強烈的反映。切斯特·朗寧也深受其害。反對派稱他身上有中國人的血統，其推理過程是：吃過什麼奶就是什麼血統，朗寧吃過中國奶媽的奶，所以就有中國人的血統。這完全是人身攻擊！朗寧沒有直接予以批駁，而是以對方的大前提作為大前提，推導出一個與其性質相同的分論點作小前提，並順勢得出結論：你們喝過加拿大牛奶，所以你們身上一定有加拿大牛的血統。並且進一步引申歸謬，得出「你們的血統一定是很難認定了」的結論，這些結論非常荒謬，使對方十分難堪且理屈詞窮，從而甘拜下風。

（八）「怎麼沒把你培養成紳士呢？」

英國詩人喬治是一位木匠的兒子，他很受當時英國上層社會的尊重。他也從不隱諱自己的出身，這在英國當時的社會是很少見的。一次，一個紈褲子弟與他在沙龍相遇，嫉妒異常，

第十三章　反話正說，引申歸謬

欲中傷他，高聲問道：

「對不起，請問閣下的父親是不是木匠？」

「是的。」詩人回答。

「那他為什麼沒把你培養成木匠？」

喬治微笑著很有禮貌的回答：

「對不起，那閣下的父親想必是紳士了？」

「是的！」這位貴族子弟傲氣十足的回答。

「那他怎麼沒把你培養成紳士呢？」

紈褲子弟的問話中包含著一個充分條件的假言推理，隱含的大前提是：如果父親是做什麼的，兒子也應被培養成做什麼的，小前提為「你父親是木匠」，結論「你也應被培養成木匠」。喬治針對對方隱含的大前提，首先假定它是真的，順勢進行推論：如果父親是做什麼的，兒子就應培養成做什麼的，那麼父親是紳士，兒子就應當被培養成紳士。但事實上你這個紳士的兒子沒有被培養為紳士，所以「父親做什麼，兒子就應當做什麼」的觀點是不對的。詩人的反問，不僅具有嚴密的邏輯力量，而且委婉幽默的諷刺了這個輕薄的貴族子弟。

（八）「怎麼沒把你培養成紳士呢？」

電子書購買

國家圖書館出版品預行編目資料

辯才無礙，論理不敗！巧玩詭辯術 × 善用反嘲
法，靜靜看對方暢所欲言，再一句逼他啞口無
言 / 吳馥寶著 . -- 第一版 . -- 臺北市：崧燁文化
事業有限公司 , 2023.03
面；　公分
POD 版
ISBN 978-626-357-159-4(平裝)
1.CST: 辯論
159.4　　　112001203

辯才無礙，論理不敗！巧玩詭辯術 × 善用反嘲法，靜靜看對方暢所欲言，再一句逼他啞口無言

臉書

作　　者：吳馥寶
發 行 人：黃振庭
出 版 者：崧燁文化事業有限公司
發 行 者：崧燁文化事業有限公司
E - m a i l：sonbookservice@gmail.com
粉 絲 頁：https://www.facebook.com/sonbookss/
網　　址：https://sonbook.net/
地　　址：台北市中正區重慶南路一段六十一號八樓 815 室
Rm. 815, 8F., No.61, Sec. 1, Chongqing S. Rd., Zhongzheng Dist., Taipei City 100,
Taiwan
電　　話：(02) 2370-3310　　　傳　　真：(02) 2388-1990
印　　刷：京峯彩色印刷有限公司（京峰數位）
律師顧問：廣華律師事務所 張珮琦律師

定　　價：399 元
發行日期：2023 年 03 月第一版
◎本書以 POD 印製